Schön ist es, auf der Welt zu sein

Vorlesegeschichten
vom Mutigsein, Streiten und Liebhaben

herausgegeben von
Jule Jakobs

KeRLE
bei Herder

Freiburg · Wien · Basel

INHALT

Mutmachgeschichten

Kindergartengeschichten

Ein lustiger Einkauf

Es war einmal ein Schneckenkind, das wollte alleine einkaufen gehen. Es sagte zu seiner Schneckenmama: „Heute möchte ich einmal ganz alleine einkaufen gehen. Bitte schreib mir einen Einkaufszettel. Ich werde alles für dich besorgen, was du brauchst."

„Oh, mein liebes Schneckenkind. Wie groß und tüchtig du schon bist", antwortete die Schneckenmama und schrieb einen Einkaufszettel.

Darauf war zu lesen:

Ein Stückchen Sahnetorte

eine Tüte Schokoladenbonbons

eine Flasche Traubensaft

eine Schachtel Käsekekse

und ein Glas Apfelmus.

„Oh, lauter feine Sachen!", freute sich das Schneckenkind. Es steckte den Einkaufszettel in sein Schneckenhäuschen und kroch los. Es hatte einen weiten Weg vor sich. Der Einkaufsladen war nämlich sieben Bäume weit entfernt.

Beim Laden angekommen, merkte das Schneckenkind, dass es den Einkaufszettel unterwegs verloren hatte. ‚Macht nichts! Ich werde es auch ohne Zettel hinkriegen', dachte das Schneckenkind und begrüßte die Verkäuferin: „Guten Tag. Ich bin heute ohne meine Mama da. Ich möchte ganz alleine einkaufen und hätte gerne:

Eine Schachtel Apfeltorte,

eine Flasche Käsebonbons,

ein Glas Sahnekekse und …

Nein, nein. Das stimmt so ja gar nicht. Ich möchte doch lieber:

Eine Tüte Sahnemus,

ein Glas Schokoladenkekse,

eine Schachtel Traubentorte,

ein Stückchen Käsesaft

und eine Flasche Apfelbonbons."

Da musste die Verkäuferin lachen.

„Schneckenkind", sagte sie freundlich, „das kann nicht ganz stimmen. Bitte überlege noch einmal!"

Das Schneckenkind dachte eifrig nach. Dann rief es:

„Jetzt erinnere ich mich wieder. Ich soll eine große Sahnetorte einkaufen. Und einen Traubensaft. Eine Schachtel Schokoladenkekse, ein Käsemus und eine Tüte Apfelbonbons."

„Ja, das kannst du alles gerne von mir haben", sagte die Verkäuferin. „Nur das Käsemus, das habe ich leider nicht."

Das Schneckenkind freute sich, packte alles ein, bezahlte und kroch los. Es hatte einen weiten Weg vor sich. Sein Zuhause war nämlich sieben Bäume weit entfernt.

Daheim angekommen, umarmte das Schneckenkind seine Schneckenmama und erzählte ihr alles, was es erlebt hatte: „Unterwegs habe ich den Einkaufszettel verloren. Stell dir vor, dann habe ich ohne Zettel eingekauft. Schau mal, was ich alles mitgebracht habe."

Die Schneckenmama sah sich alles genau an und sagte dann lachend: „Mein liebes Schneckenkind, du solltest nur *ein* Stück Sahnetorte mitbringen und hast eine ganze, große Sahnetorte eingekauft. Du hast Schokoladenkekse statt Käsekekse gebracht und Apfelbonbons anstelle von Sahnebonbons. Nur an den Traubensaft hast du dich richtig erinnert."

Das Schneckenkind wurde ein bisschen traurig. Aber die Schneckenmama nahm ihr Kind in die Arme und rief: „Das macht doch nichts, mein Schatz! Ich liebe Apfelbonbons und Schokoladenkekse. Und am allermeisten liebe ich riesige Sahnetorten. Jetzt werden wir zwei zusammen ein Fest feiern. Wir werden so viel Sahnetorte essen, bis unsere Bäuche so dick geworden sind, dass wir nicht mehr in unsere Häuschen hineinpassen!" Da lachten beide und feierten ein wunderschönes Fest.

Martina Gürth

Die Strickjacke

Leo hatte Mama sehr lieb, und Mama hatte Leo sehr lieb. Lange Zeit waren sie wie eine Person gewesen, so gut kannten sie sich und so gut mochten sie sich leiden. Jetzt war Leo gerade drei Jahre alt geworden, und langsam dämmerte ihm, dass er ein Junge und ganz für sich allein war und da aufhörte, wo sein Körper aufhörte. Er war also nicht ein Teil von Mama und konnte schon ganz allein und ohne sie eine Weile vor dem Haus mit den anderen Kindern spielen. Nur manchmal musste Mama zum Fenster rausschauen und ihm etwas zurufen.

Natürlich hatte Leo auch begriffen, dass Mama eine Frau ganz für sich allein war und möglicherweise auch mal ohne ihn weggehen konnte. Und eines Tages war es dann so weit.

Eine Weile zuvor war am Vormittag die Hiltrud gekommen. Leo mochte sie gut leiden und spielte, kochte und bügelte gern mit ihr zusammen. Aber an diesem Morgen sagte Mama: „Ich geh' jetzt ein bisschen arbeiten. Du spielst schön mit Hiltrud, und mittags bin ich wieder zurück."

Da war es Leo, als ginge die Welt unter, als löste sich alles in nichts auf, als müsste er ohne jeden Halt im Weltall herumschweben, ja, als würde er sich selbst jeden Moment in seine Einzelteile auflösen. Eine schreckliche Angst befiel ihn und er fing an zu schreien und zu weinen. Da nahm ihn seine Mama auf den Arm – und augenblicklich war alles wieder gut.

„Hm", machte die Mama. „Weißt du, Leo, ich muss jetzt wieder arbeiten. Ich bin ja nicht aus der Welt, sondern nur in einem anderen Haus in unserer Stadt."

Sie malte Leo einen großen Kreis auf ein Blatt: Das war die Welt. In den großen Kreis malte sie einen kleinen Kreis: Das war ihre Stadt. In dem kleinen Kreis gab es zwei Punkte, die konnten mal zusammen, mal ein bisschen auseinander sein. Aber immer waren sie in derselben Stadt und in derselben Welt. Leo fand das sehr interessant. Er war bereit, die Welt mit Bäumen und Tieren auszuschmücken und die Stadt mit Häusern. Auch Mama und Leo wollte er malen.

„Na fein", sagte Mama. „Dann geh' ich jetzt mal."

Sie wollte sich aufrichten. Aber Leo krallte sich angsterfüllt an ihrer blauen Strickjacke fest. Mama musste die Strickjacke ausziehen, um aufstehen zu können. Leo kuschelte sich hinein, wie in einen großen Mantel. Die Jacke roch nach Mama, fühlte sich an wie Mama, und die Knöpfe klapperten wie bei Mama.

Aber Mama stand daneben und Tränen stiegen ihr in die Augen.

„Und ich?", fragte sie und war ganz verzweifelt.

Leo sah sie erstaunt an. Er hatte ganz vergessen, dass Mama ihn genauso vermissen würde wie er sie. Sie musste ja ganz allein ohne ihn in die feindliche Welt hinaus. Leo sprang auf, rannte in sein Zimmer und kam mit seiner kleinen Strickjacke zurück.

„Hier", sagte er, „hastu meine Strittjatte. Nu brauchstu aber gar keine Angst mehr zu haben."

Mama küsste ihren kleinen Leo auf die dicken Backen, nahm die kleine Strickjacke und für alle Fälle noch ihren Mantel mit und ging zur Arbeit. Leo malte und spielte den ganzen Vormittag sehr zufrieden mit Hiltrud. Er trug die ganze Zeit die blaue Strickjacke. Die roch wie Mama, fühlte sich an wie Mama und die Knöpfe klapperten wie bei Mama. Da machte es gar nichts aus, dass Mama eine halbe Stunde zu spät zum Mittagessen kam.

„Deine kleine Strickjacke hat mir sehr geholfen", sagte sie. „Und mein Chef will sich auch so eine von seinem Sohn mitbringen, denn er hat morgen einen schweren Tag."

Linde von Keyserlingk

Ein Brüderchen für Lili

Lili hat ein Brüderchen bekommen. Es heißt Julius. Lili und Papa besuchen Mama und Julius im Krankenhaus. Neugierig guckt Lili ins Bettchen. Dort schläft ein Baby. „Ist das wirklich mein Brüderchen?", fragt Lili und streckt die Hand unter Mamas Bettdecke. Mamas Bauch ist flach und weich. Das Baby ist nicht mehr drin. Im Bettchen liegt Julius und schläft. „Ist der aber klein", sagt Lili.

Julius schreit oft in der Nacht. Darum darf er in Mamas und Papas Zimmer schlafen. Lili sitzt allein in ihrem Bett und sieht zur Tür. Sie ruft leise: „Mama!" Sie ruft lauter: „Papa!" Sie ruft ganz laut: „Julius!" Niemand hört sie. Da schreit Lili: „Ich will auch bei euch schlafen!" Mama kommt ins Zimmer und nimmt sie in den Arm.

Wenn Mama Julius stillt, darf Lili keinen Krach machen. Mama guckt Julius liebevoll an und spricht mit ihm: „Schmeckt es dir, mein Mäuschen?" „Ich will Tee", sagt Lili. „Hast du auch Tee im Busen?" Mama lacht und schüttelt den Kopf: „Nein!" Lili zieht Mama am Zopf. „Guck zu mir", sagt sie.

Nach dem Mittagessen schläft Julius. Mama holt dann ein Märchenbuch und legt sich mit Lili auf die Liege im Wohnzimmer. Lili kuschelt sich an Mama. Mama liest ihr vor: „Es war eimal ein kleines Mädchen, das bekam von seiner Oma zum Geburtstag ein rotes Käppchen geschenkt …" Lili schläft ein. Auch Mama schläft ein. Es ist schön, bei Mama zu schlafen.

Mama hat für Lili weniger Zeit, seitdem Julius da ist. Mama muss Julius wickeln und füttern. Sie schleppt ihn im Arm herum, wenn er schreit. „Geh doch spielen", sagt Mama zu Lili. Lili geht in den Garten und setzt sich auf die Schaukel. Sie zählt die Spatzen auf dem Zaun. Sie zählt die Sonnenblumen, die blühen. Sie zählt die Sonnenblumen, die noch nicht blühen. Aber ohne Mama macht das Zählen keinen Spaß. Und Mama hat keine Zeit für Lili.

Mama muss noch schnell etwas einkaufen. „Gib mal ein wenig auf Julius Acht", sagt sie zu Lili. Lili setzt sich mit einem Bilderbuch neben Julius. Julius schläft. Lili ist ganz leise, damit Julius schläft, bis Mama kommt. Als Mama kommt, sagt sie: „Was habe ich doch für ein Glück mit dir, Lili!"

Lili darf mit Julius baden. Julius ist im Wasser immer sehr lustig. Er quiekst und lacht, er patscht ins Wasser und macht Lili ganz nass.

Mama fragt: „Lili, hältst du ihn auch fest? Ist er dir nicht zu schwer?" Lili nickt zuerst: Ja, ja! Dann: Nein, nein! Baden mit Julius ist schön. Papa turnt mit Julius auf dem Wickeltisch. Lili und Mama sehen zu. Julius ist gerne nackig. Er strampelt mit den Beinen. Gerade als sich Papa über Julius beugt, pinkelt Julius. „Na, du kleiner Springbrunnen", sagt Papa.

Lili und Mama lachen sich kaputt. Papa wechselt das Hemd. Als er zurückkommt, sagt Lili: „Wenn du mit mir turnst, kann dir das nicht passieren."

Papa turnt mit Lili. Meistens will Lili auf ihm reiten. Dann ist Papa ein

Pferd oder ein Esel. Je nachdem, ob er wiehert oder Iah schreit. Manchmal macht er: Morr morr morr. Dann ist er ein Bär. Abends will Lili nicht ins Bett gehen. Aber ins Bett reiten will sie schon.

Manchmal macht Julius Mama furchtbar müde, weil er Bauchweh hat und dauernd schreit. Dann sagt sie zu Lili: „Wie schön wird es sein, wenn Julius größer ist und ich mit euch spazieren gehen kann, an jeder Hand ein Kind." „Der wächst so langsam", sagt Lili. Da muss Mama lachen. „Der wächst ganz normal", sagt sie.

Lili und Julius liegen im Wohnzimmer auf dem Sofa. Lili lutscht am Daumen. Daumenlutschen ist so gut, sagt sie zu Julius. Sie steckt ihm ihren zweiten Daumen in den Mund. Mama sieht das: „Lili! Du darfst Julius deinen Finger nicht in den Mund stecken!"

Lili macht es anders. Sie nimmt das Händchen von Julius und steckt ihm seinen eigenen Daumen in den Mund. Aber Julius will nicht Daumen lutschen. Julius ist anders als Lili. Das sagt auch Mama. Julius ist keine kleine Lili. Julius ist Julius.

„Du spielst zu viel im Haus", sagt Mama zu Lili. „Geh doch lieber hinaus!" „Julius nehme ich aber mit", sagt Lili. Sie schiebt Julius im Kinderwagen in den Garten. Dann sitzen sie beide auf der Decke im Gras. „Sieh mal", sagt Lili. „Ich habe einen Marienkäfer." Julius guckt den Marienkäfer neugierig an. „Halt mal die Hand", sagt Lili. Der Marienkäfer kriecht zu Julius. „Siehst du, jetzt ist  er bei dir", sagt Lili und freut sich. Julius lacht. Der Marienkäfer spreizt die Flügel und fliegt davon.

Karin Gündisch

So ein Frühstück gab es noch nie

Maxie sitzt in ihrem Bett und ist hellwach. Schon zweimal hat sie ein Bilderbuch angeschaut: von vorne bis hinten und von hinten bis vorne. Draußen zwitschern und tirilieren die Vögel. Nur in der Wohnung ist es mucksmäuschenstill. Mama, Papa und Tobias schlafen immer noch. Dabei ist es bestimmt schon höchste Zeit zum Aufstehen!

Maxie läuft in den Flur und horcht an der Schlafzimmertür von Mama und Papa: nichts zu hören. Auch im Zimmer von Tobias regt sich nichts. Als würden sie alle Winterschlaf halten!

Wer sechs Jahre alt ist und bald in die Schule kommt, der kann auch schon Frühstück machen, beschließt Maxie und läuft mit ihren beiden Kuscheltieren in die Küche. „Die werden staunen, was ich schon alles kann."

Sie schiebt den Stuhl an den Küchenschrank und klettert hinauf. Wenn sie sich auf die Zehenspitzen stellt, kommt sie gut bis zum Geschirrfach. Eins, zwei, drei, vier. Vier Tassen, vier Teller. Maxie nimmt noch einmal die Finger zu Hilfe: Mama, Papa, Tobias und Maxie. Macht genau vier!

Dann verteilt sie die Tassen und Teller auf dem Tisch, dazu für jeden ein Messer und einen Löffel. Wo Müsli, Marmelade, Honig und Zucker stehen, weiß Maxie auch. Und weil sie heute keiner sieht, schleckt sie rasch einen Finger voll Honig. Dann läuft sie zum Kühlschrank.

Mal sehen, was es da drin gibt. Maxie ist begeistert! Nicht nur Butter, Milch und Jogurt, sondern auch gelbe und rote Tuben, ein Glas mit kleinen Zwiebelperlen, Ketschup, Saft und Limo. Sie hat einiges zu schleppen, bis alles auf dem Tisch steht.

Im Vorratsschrank entdeckt sie noch mehr! Chips und Schokolade, Gummibärchen und jede Menge Marmeladengläser: erdbeer- und kirschrote, aprikosengelbe und sogar eine stachelbeergrüne Marmelade. Weil es ein besonderes Frühstück werden soll, stapelt Maxie mehrere Marmeladengläser übereinander wie einen Bauklötzchenturm. Den balanciert sie vorsichtig zum Tisch. Ein bisschen wackelt es, aber alles geht gut – bis sie den Turm auf den Tisch hievt. Das oberste Glas fällt auf den Fußboden. Wabbeliges Brombeergelee quillt zwischen den Scherben hervor. Beim Versuch das Gelee wegzuwischen, schneidet sich Maxie in den Finger. Sie schnieft nur einmal kurz, wickelt sich ein Taschentuch um den Finger und macht mit den Frühstücksvorbereitungen weiter.

Gerade, als sie das Kaffeepulver in die Kaffeemaschine schüttet, geht die Küchentür auf und ein verschlafenes Papa-Gesicht schaut herein. „Was, was …?" Papa fehlen die Worte, so erstaunt ist er. Und dann kommt Mama dazu. „Was ist denn hier los?!", ruft sie. „Ich mache heute das Frühstück", erklärt Maxie stolz. Sie schaut erst zu Papa, dann zu Mama. Und weil keiner etwas sagt, erklärt Maxie: „Ich bin gleich fertig!"

Sie drückt den Einschaltknopf der Kaffeemaschine, die gleich losblubbert, während Mama auf den voll beladenen Tisch zugeht, als würde dort ein gefährliches Ungeheuer lauern.

„Achtung!", Maxie deutet auf die Marmelade am Boden und hält entschuldigend ihren verbundenen Finger in die Höhe. „Ich mach das schon!", sagt Papa und holt einen Putzlappen. Aber Mama sagt immer noch nichts, obwohl das gar nicht ihre Art ist.

Papa klopft Maxie anerkennend auf die Schulter. „So ein reichhaltiges Frühstück gab es bei uns noch nie!" „Wirklich ein besonderes Frühstück!", sagt Mama endlich und Maxie ist erleichtert. „Super!", meint Tobias, der in der Küchentüre steht. „Chips und Limo zum Frühstück. Echt stark!"

Maxie ist stolz auf ihr erstes selbst gemachtes Frühstück. Mit dem Kaffee wird es zwar nichts, weil sie die Filtertüte vergessen hat, aber wenn man sechs ist, kann man ja noch nicht alles wissen, oder?!

Sylvia Schopf

Der kleine Seelöwe sucht einen Freund

Klipp, der kleine Seelöwe, saß auf der Klippe und weinte.

„He, du! Warum sitzt du da und weinst?", fragte die Lachmöwe und setzte sich neben ihn. „Die Sonne scheint. Das Meer ist ruhig. Warum schwimmst und tauchst du nicht und fängst dir einen Fisch?"

„Ich weine, weil ich keinen Freund habe", antwortete der kleine Seelöwe. „Ohne Freund macht gar nichts wirklich Spaß."

Die Lachmöwe stand auf einem Bein und dachte angestrengt nach.

„Die anderen kleinen Seelöwen haben doch auch Spaß", wandte sie ein und sah dem kleinen Seelöwen ins linke Auge.

„Die anderen kleinen Seelöwen verstehen mich nicht. Ich brauche einen Freund, der mich versteht", erklärte der kleine Seelöwe.

„Aha", sagte die Lachmöwe. Sie flog zu den Wellen, fing eine Sardelle und brachte sie dem kleinen Seelöwen. „Ich hab was für dich! Rat mal, was es ist!", scherzte sie.

„Ich habe keinen Hunger", sagte Klipp betrübt. Die Lachmöwe verschlang die Sardelle und fragte: „Schade, gerade heute ist das Meer voller Fische! Wie lange willst du denn noch hier sitzen und jammern?"

„Weiß ich nicht", sagte der kleine Seelöwe.

„Hör endlich auf und tu etwas!", redete ihm die Lachmöwe zu.

„Was denn?", fragte der kleine Seelöwe und seufzte.

Die Lachmöwe überlegte, dann sagte sie: „Ich weiß auch nicht, wie du am besten einen Freund findest. Vielleicht solltest du dir einen suchen", schlug sie vor.

Der kleine Seelöwe nickte. „Am besten, ich fange gleich damit an", sagte er, sprang ins Meer und schwamm los.

Die Lachmöwe zog über ihm ihre Kreise und lachte.

Klipp schwamm gemächlich und hielt Ausschau. Die Lachmöwe vertrieb ihm die Zeit mit Geschichten.

Da sahen sie vor einer kleinen Insel einen Elefanten im Wasser.

„Seit wann schwimmen Elefanten im Meer?", wunderte sich der kleine Seelöwe. „Das finde ich lustig. Willst du mein Freund sein?"

„Seit wann stellen kleine Seelöwen dumme Fragen?", gab der Elefant zur Antwort: „Ich arbeite beim Fernsehen und mache Werbung für Limonade. Und jetzt stör mich nicht länger. Ich habe zu tun!"

Der kleine Seelöwe war enttäuscht. „Ein Freund kommt oft ganz unverhofft", rief die Lachmöwe und lachte. „Ob ich dort unten einen finde?", fragte sich der kleine Seelöwe und tauchte zum Meeresgrund. Er entdeckte ein großes Wrack, in dem ein Seeungeheuer wohnte. Der kleine Seelöwe erschrak fürchterlich über den hässlichen Kopf mit dem Furcht erregenden Gebiss.

„Keine Angst, Kleiner! Ich bin nicht echt", beruhigte es ihn. „Aber sag es nicht weiter! Die Menschen glauben so gerne an mich!"

Enttäuscht tauchte der kleine Seelöwe auf. Ein Seeungeheuer, ob echt oder unecht, wollte er nicht gerade zum Freund haben.

„Wieder nichts", sagte er. – „Abwarten!", rief die Lachmöwe.

Am Horizont tauchte ein Boot auf, in dem ein schiffbrüchiger Hund saß. „Unser Schiff ist untergegangen mit Mann und Maus. Ich bin der einzige Überlebende", schilderte er. „Wisst ihr, wo hier die nächste Insel ist?"

„Wir bringen dich hin", sagte der kleine Seelöwe eifrig. Er kletterte ins Boot und half dem Hund paddeln. Die Lachmöwe saß am Bootsrand und gab die Richtung an. Klipp dachte, der Hund würde sein Freund werden – schon aus Dankbarkeit. Doch kaum legten sie an der Insel an, sprang der Hund an Land, lief schnurstracks zur nächsten Palme, hob sein Bein und verschwand.

„Diesmal war ich mir sicher …", sagte der kleine Seelöwe. Er konnte nicht weitersprechen, so enttäuscht war er.

„Vergiss ihn", sagte die Lachmöwe. „Komm, wir wollen ein Stück nebeneinander herschwimmen. „Ist das nicht ein wundervoller Tag heute?", schwärmte sie. „Solche Tage muss man genießen, finde ich. Man weiß nie, wann der nächste Sturm kommt!"

„Nein, nie", sagte der kleine Seelöwe. „Weißt du, was ich finde? Ich finde dich richtig nett!"

Die Lachmöwe putzte verlegen ihre Schwungfedern. „Höchste Zeit heimzukehren!" Sie stieß sich vom Wasser ab und flog voran. Der kleine Seelöwe paddelte nach.

Vor seiner Klippe schwammen die anderen Seelöwenkinder. „Wo warst du so lange?", fragten sie. „Wir haben uns Sorgen um dich gemacht!"

Das freute Klipp. „Och, sehr weit fort! Ich war beim Seeungeheuer und bei einer kleinen fernen Insel!", erzählte er.

„War das nicht sehr gefährlich?", fragten die Seelöwenkinder.

„Schon, aber auch sehr schön, wenn man einen echten Freund hat – wie ich", sagte er stolz.

Über ihm kreiste die Lachmöwe und lachte und lachte.

Christine Rettl

Komm, kleiner Indianer

Es war einmal ein kleiner Indianer, der ging in den Wald und fand den Weg nach Haus nicht mehr.

Es war Winter und es war bitterkalt. Der kleine Indianer setzte sich in den Schnee und weinte.

Da kam ein brauner Bär und sagte: „Komm zu mir in meine Höhle! Dort hast du es warm."

Der Fuchs kam und sagte: „Ich will für dich jagen, kleiner Indianer, damit du zu essen hast."

Auch der Wolf ging für den kleinen Indianer auf die Jagd.

Die Vögel suchten Beeren, die noch an den Sträuchern hingen, und brachten sie dem kleinen Indianer. Das Eichhörnchen brachte Nüsse. Manchmal dachte der kleine Indianer an seine Eltern zu Hause und wurde traurig.

„Sei nicht traurig, kleiner Indianer", sagten die Tiere und spielten mit ihm, bis er wieder lachte. Als es Frühling wurde, sagten die Tiere: „Komm, kleiner Indianer! Wir helfen dir den Weg nach Hause suchen."

Sie gingen und gingen. Endlich fanden sie das Zelt, in dem die Eltern des kleinen Indianers wohnten.

„Leb wohl, kleiner Indianer", sagten die Tiere. „Du hast mit uns gelebt. Vergiss nie, dass wir alle jetzt deine Brüder sind."

Käthe Recheis

Ayshe und der Weihnachtsmann

Ayshe wohnt am Ende der Straße in dem Haus mit den grün gestrichenen Fenstern. Der Postbote kannte Ayshe schon seit einiger Zeit. Sie kam meist aus der Schule heim, wenn er in der Brückenstraße gegen Mittag die letzte Post austrug. Zweimal hat er schon einen Brief für sie gebracht. Der war von ihren Großeltern aus der Türkei gewesen. Ayshe hat sich riesig gefreut. Das war im Sommer.

Jetzt war es kalt geworden. Ayshe fror oft. In ihrer Heimat war es viel wärmer. Sie musste sich an vieles gewöhnen, was hier anders war. Die Menschen benahmen sich anders, hatten andere Sitten und Bräuche als in dem kleinen türkischen Dorf, aus dem sie stammte. Dort kannte sie jeden. Aber hier in der großen fremden Stadt wusste sie nicht einmal, wie die Leute im Haus gegenüber hießen. Sie hatten es immer eilig und liefen meist grußlos vorbei. Der Postbote war eine Ausnahme. Er war immer nett und freundlich.

„Vielleicht hab ich bald ein Weihnachtspäckchen für dich", sagte der Postbote im Dezember, als er sein Rad im Schnee ein Stück neben ihr herschob.

„Das wäre schön", sagte Ayshe. „Ich habe noch nie ein Weihnachtspäckchen bekommen."

„Heute ist leider wieder nichts für dich dabei. Ich werde mal mit dem Nikolaus reden", versprach der Postbote am nächsten Tag. Aber auch am Nikolaustag war kein Päckchen für Ayshe im Postsack.

„Das verstehe ich nicht", sagte der Postbote. „Wo der alte Herr doch sogar aus der Türkei stammt. Wenn mich nicht alles täuscht, dann ist der Heilige Nikolaus in Myrna in der Türkei geboren."

„Das hab ich gar nicht gewusst", sagte Ayshe.

Sie freute sich jedes Mal, wenn sie den Mann mit der blauen Mütze traf. Denn wenn er auch kein Päckchen für sie brachte, so unterhielt sie sich

gern mit ihm.

„Heute habe ich viel zu schleppen. Ich muss nämlich dem Weihnachtsmann helfen", sagte der Postbote.

„Im Dezember werden alle Postboten als Hilfsweihnachtsmänner eingesetzt." Es war Mitte Dezember und die Packtaschen an seinem Rad waren voll gepackt bis oben hin.

„Der Weihnachtsmann? Wie ist das eigentlich mit dem Weihnachtsmann? Hast du schon einen echten gesehen? Wie sieht er wirklich aus?", fragte Ayshe.

„Was? Das weißt du nicht? Das weiß doch jedes Kind! Er hat einen weißen Bart, ungefähr so wie ich, und trägt als Dienstkleidung einen roten Mantel."

„In unserer Familie wird Weihnachten nicht gefeiert", sagte Ayshe.

„Siehst du, und das hab ich nicht gewusst", sagte der Postbote.

„Weihnachten ist ein christliches Fest und wir sind Moslems", erklärte Ayshe.

„Tja, das ist vermutlich auch der Grund, wieso kein Weihnachtspäckchen für dich kommt", sagte der Postbote nachdenklich.

„Kannst du nicht trotzdem dem Weihnachtsmann sagen, dass ich jetzt hier wohne und dass er mich nicht vergessen soll? Zu meinen deutschen Freundinnen kommt er doch auch."

„Nun, er ist ein viel beschäftigter Mann und hat alle Hände voll zu tun mit den Wunschzetteln, die er schon hat", sagte der Postbote. „Aber ich will es versuchen."

Auf dem Heimweg blieb der Postbote vor dem Laden mit den Süßigkeiten stehen. Und dann vor dem Spielwarenladen. Er wüsste schon, was man der kleinen Ayshe schenken könnte. Dann rechnete er. Wenn er sich bis Weihnachten keine Zigaretten kaufen würde, sondern ...

Als er am nächsten Tag wieder an Ayshes Haus vorbeikam, rief er: „Schönen Gruß vom Weihnachtsmann. Er hat sich deine Adresse aufgeschrieben!"

„Wirklich?", rief Ayshe. „Vielen Dank!" Und am nächsten Tag schenkte sie dem Postboten ein Bild, auf dem sie den Weihnachtsmann gemalt hatte, so wie sie sich ihn vorstellte.

Er sah tatsächlich ein bisschen wie der Briefträger aus.

„Ayshe, du bist verrückt. Es gibt gar keinen richtigen Weihnachtsmann", sagte ihr Bruder. „Man muss sich alles selbst kaufen. Man kriegt nichts geschenkt."

Da war Ayshe sehr traurig. Ob sie der nette Postbote angelogen hatte?

Dann kam der 24. Dezember. Die allerletzten Pakete und Päckchen wurden am Postamt an die Zusteller verteilt.

Für Ayshe war nichts dabei. Da radelte der Postbote an seiner Wohnung vorbei und holte das Päckchen, das er vorbereitet hatte.

Er klingelte zweimal an Ayshes Wohnungstür und rief: „Weihnachtspost für Ayshe!"

„Für mich?", rief Ayshe und drückte das Päckchen an sich. „Danke. Vielen Dank!"

„Direkt vom Weihnachtsmann", sagte der Postbote und dann radelte er schnell weiter. Es war noch viel zu tun. Als er nach den Feiertagen wieder an Ayshes Haus vorbeikam, wartete sie schon auf der Straße und sagte: „Kannst du mir helfen? Ich habe einen Brief an den Weihnachtsmann geschrieben und weiß seine Adresse nicht."

„Gib mir den Brief nur mit", sagte der Briefträger. „Ich will schon dafür sorgen, dass er an die richtige Adresse kommt. Das ist schließlich mein Beruf."

Ursel Scheffler

Abschiedsschmerz

Manchmal gibt es mit Freunden auch traurige Tage. Am letzten Kindergartentag vor den Sommerferien erzählt Marie ihrer besten Freundin Lea, dass sie für vier Wochen zu Oma aufs Land fährt. Lea weiß, dass sie die ganzen Ferien zu Hause bleiben wird, weil Papa an seinem neuen Arbeitsplatz noch keinen Urlaub bekommt. Sie wollte die ganzen Ferien über mit Marie spielen und hatte sich das so schön ausgedacht. Jetzt fährt Marie fort. Zu ihrer Oma, wo es auch noch eine gleichaltrige Kusine gibt. Mit der kann Marie dann jeden Tag Spaß haben …

Lea ist traurig. Vielleicht mag Marie sie gar nicht mehr, wenn sie wiederkommt, sondern mag nur noch diese doofe Kusine.

Lea hat einen dicken Kloß im Hals. Lange sitzt sie allein im Kinderzimmer. Da klingelt es: Marie steht vor der Tür. „Hast du schon gepackt?", fragt Lea leise. „Nee!" Marie schüttelt den Kopf. „Macht die Mama, ich hab dir einen Kalender gebastelt. Es sind so viele Blätter, wie ich weg bin. Jeden Tag kannst du eins abreißen. Wenn er leer ist, bin ich wieder da!" Sie drückt Lea den Kalender in die Hand und geht ganz schnell die Treppe hinunter.

Lea zeigt Mama den Kalender. „Und was gebe ich Marie mit, damit sie mich nicht vergisst?", fragt sie. Ihr Herz ist immer noch schwer. Dann fällt es ihr ein: „Bonbons!" Lea lutscht so gern Bonbons! „Wir hängen Bonbons an eine Schnur, für jeden Tag eines. Wenn sie sie alle verputzt hat, kommt sie wieder heim!"

Mama findet die Idee gut und entdeckt zum Glück in der Schublade 28 Bonbons, die sie und Lea mit bunten Bändchen an eine alte Wäscheleine hängen.

Marie freut sich riesig. „Wenn ich zurück bin, machen wir ein Wiedersehensfest!", sagt sie und drückt Lea zum Abschied ganz fest.

Christine Merz

27

Wie Raab und Muschka der kleinen Hexe Billerbix keinen Rat geben wollen

Raab spürt ein seltsames Kribbeln im Bauch, als er das Zelt des Zauberers betritt. Schnell breitet er die Flügel aus und nimmt auf der Schulter der kleinen Hexe Billerbix Platz. Sogleich fühlt er sich besser.

„Da bist du ja endlich!", freut sich die kleine Hexe Billerbix und stellt dem Zauberer ihren schwarz gefiederten Freund vor. „Das ist mein Rabe, der liebste Vogel, den ich habe. Der Name, den ich ihm gab, ist Raab."

„Mii-rau!", mischt Muschka sich ein, die heimlich, still und leise über den Rücken der kleinen Hexe Billerbix geklettert ist und nun ihren Katzenkopf zwischen den roten Hexenlocken hervorstreckt. „Ja, ja, du auch." Schmunzelnd krault die kleine Hexe Billerbix ihrer Freundin das Kinn. „Dies ist Muschka, meine Katze, mit der schnellen Mausetatze. Ihr Fell ist schwarz-weiß-rot geringelt. An ihrem Hals ein Glöckchen bimmelt."

„Guten Tag! Guten Tag!", grüßt der Zauberer und schüttelt zuerst die Katzenpfote und dann den Rabenflügel. „So nette Freunde wie euch hätte ich auch gern."

„Raab-Raab!", krächzt Raab und blinzelt Muschka mit einem Auge zu, damit sie weiß, was er von dieser dummen Idee hält.

Der Zauberer schaut seine neuen Freunde erwartungsvoll an. „Wollen wir etwas zusammen unternehmen?"

Die kleine Hexe zupft Raab am Schnabel und Muschka an der Schwanzspitze. „Meine Lieben, sagt mir an, was uns heut erfreuen kann."

„Da haben wir's", denkt Raab und plustert sich gekränkt auf. „Ich hab's ja gewusst, jetzt will sie tatsächlich mit diesem dummen Zauberer den ganzen Tag zusammen sein."

„Raab!", krächzt er und steckt den Schnabel unter den Flügel, damit jeder sieht, dass er nichts zu sagen hat.

Muschka fühlt genau, wie ihrem Freund zumute ist. Tief drinnen in ihrer empfindsamen Katzenseele spürt sie seine Traurigkeit. „Raab und ich und unsere kleine Hexe, wir drei gehören zusammen", denkt sie. „Nur wir drei. Wir hatten es immer so schön miteinander. Hat sie das denn vergessen? Nein, wenn Raab nichts sagt, sage ich auch nichts."

„Muschka", ruft die kleine Hexe Billerbix ungeduldig, „hörst du nicht, was ich dich frage? Willst du, dass ich's nochmals sage?"

„Mau-nau", maunzt Muschka und muss sich plötzlich ganz dringend den Bart und die Ohren putzen.

Die kleine Hexe Billerbix staunt. „Wie? Ihr wisst nichts? Ist das wahr? Hex mal hex und plinkplonkplein, soll das wirklich möglich sein?"

Aber die beiden bleiben stumm. Die kleine Hexe Billerbix weiß nicht, was sie davon halten soll. Verwundert schaut sie von einem zum anderen. Wie traurig Raab die Flügel hängen lässt. Wie unglücklich Muschka die Ohren schief legt. So kennt die kleine Hexe Billerbix ihre beiden gar nicht. „Was habt ihr denn, ihr beiden Kleinen?", fragt sie. „Ihr wollt mir doch nicht etwa weinen?" Aber Raab und Muschka antworten nicht. Sie lassen die Köpfe nur noch tiefer hängen. Und plötzlich versteht die kleine Hexe Billerbix, warum Muschka und Raab sich so seltsam verhalten. Sie haben Angst, dass ihre allerbeste, allerliebste Freundin den Zauberer plötzlich lieber haben könnte. „Ihr Dummerchen", flüstert sie. „Ihr seid ja eifersüchtig. Na, so etwas!"

Die kleine Hexe Billerbix überlegt einen Moment. Soll sie mit Muschka und Raab reden? Soll sie ihnen sagen, dass sie immer und immer ihre liebsten Freunde sein werden? „Nein", beschließt sie und nimmt sich vor, besonders nett zu ihnen zu sein, damit sie merken, dass sie gar keinen Grund haben, eifersüchtig zu sein.

Zärtlich krault sie Muschka hinter dem Ohr. „Hat das Kätzchen, mein Schätzchen, keine Lust auf ein Schwätzchen?", fragt sie. Denn das fragt sie immer, wenn Muschka ein bisschen schmollt oder traurig ist. Muschka ist dann meistens gleich wieder gut gelaunt. Und tatsächlich, schon reibt die Katze schnurrend den Kopf an der Schläfe ihrer Freundin.

„Raab!", krächzt Raab, der auch gestreichelt werden will. Eilig knabbert er mit dem Schnabel an einer ihrer dicken roten Locken. Das macht er immer, wenn er zeigen will, wie lieb er sein kann. Und wie zärtlich er sie aus seinen schwarzen Augen anschaut! Der kleinen Hexe Billerbix wird es ganz warm ums Herz. „Manchmal bist du Rabenbengel richtig lieb, so wie ein Engel", flüstert sie. Und dann krault sie auch ihn ein wenig. „Raab-Raab, Raab-Raab", krächzt Raab glücklich, denn es gibt nichts Schöneres für ihn als von der kleinen Hexe Billerbix gekrault zu werden.

„Und ich?", fragt der Zauberer in diesem Moment. „Werde ich nicht gekrault?"

„Du?", ruft die kleine Hexe Billerbix und lacht. „Zauberer werden nicht gekrault, sondern verhext. Soll ich?"

„Mau-jau, Mau-jau!", und „Raab-Raab-Raab!", stimmen Muschka und Raab begeistert zu und würden den Zauberer am liebsten gleich selbst verhexen.

Aber leider hat die kleine Hexe Billerbix es damit gar nicht ernst gemeint.

Anna Benthin

Lea und Marie haben Streit

Zu zweit macht das Leben viel mehr Spaß, auch wenn man gelegentlich miteinander Streit hat. Am häufigsten streiten Lea und Marie, wenn Marie nicht spielen will, was Lea sagt. Heute soll Marie wieder einmal eine Katze sein. „Ich bin die Mutter und die Puppe ist das Kind. Und du bist die Katze!", bestimmt Lea. Aber Marie will nicht und wenn Marie nicht will, dann will sie nicht. Sie schüttelt den Kopf und mault: „Immer willst du die Bestimmerin sein, du kannst doch mal die Katze sein!" Da wird es Lea zu dumm. „Du bist ja blöd", sagt sie, greift in Maries Haare und zieht kräftig daran. Da wird auch Marie wütend und kratzt Lea am Handgelenk. Lea kreischt so, dass Mama aus dem Wohnzimmer kommt. „Was ist los?", fragt sie. „Die Lea hat mich an den Haaren gezogen und immer soll ich die blöde Katze sein", sagt Marie. „Die Marie hat mich gekratzt und will nicht die Katze spielen. Aber ohne Katze geht's halt nicht", sagt Lea.

Mama schlägt vor: „Spielt doch beide Katzen – vielleicht eine Katzenfamilie? Und jetzt vertragt euch wieder!" Als Mama weg ist, verdreht Lea die Augen und sagt leise: „Die Mama kapiert gar nichts – Katzenfamilie!" Marie sagt nichts. Sie ist böse auf Lea, die immer bestimmen will und an den Haaren zieht. Im Kinderzimmer ist es eine ganze Weile still.

Da fällt Maries Blick auf Leas Kassettenrekorder. „Wir könnten auch tanzen!", schlägt sie vor. Lea ist begeistert. Sie kickt ihre Hausschuhe von den Füßen und schiebt ein paar Legos vom Teppich. Dann machen sie die Musik an und tanzen. Sie tanzen den ganzen Nachmittag.

Als Marie am Abend heimgeht, sagt sie: „Tschüs, bis morgen, aber nur wenn ich nicht die Katze sein muss." Da lacht Lea: „Nee", sagt sie, „wir spielen was anderes, die Mama kann die Katze sein!"

Christine Merz

Ich bin hier die Lehrerin

Manchmal spielen Maxie und die anderen im Kindergarten Höhlenbauen oder Fangen. Seit einiger Zeit spielen sie besonders gerne Schule. „Wer macht mit?", fragt Maxie und holt die große Tafel aus der Puppenecke. Zusammen mit Marie stellt sie mehrere Stühle auf. Das ist die Schulklasse. Und Julia verkündet: „Ich bin die Lehrerin!" Typisch Julia! Sie will immer die Lehrerin spielen. „Ich bin schließlich die Älteste im Kindergarten!", erklärt sie. „Na gut, aber nachher tauschen wir", sagen Maxie, Marie und die anderen. Sie setzen sich auf die Schülerstühle.

Julia holt einen Stapel Bilderbücher, Papier und Stifte. Dann stellt sie sich auf den Lehrerinnenplatz an die Tafel und verkündet: „Ding-Dong, die Schule fängt an!" „Ich mach auch mit! Ich bin auch Schulkind!", ruft Melissa aus der Bauecke. Sie lässt ihren Turm stehen und setzt sich schnell auf einen freien Stuhl. „Nee!" Julia schüttelt entschieden den Kopf. „Geht nicht! Du gehörst nicht zu den Großen. Du kannst nicht mitmachen! Du bist noch zu klein für die Schule." „Ich bin überhaupt nicht zu klein!", erwidert Melissa und reckt ihren Kopf in die Höhe. „Bist du doch!", zischt Julia wütend. „Dann spielen wir eben, dass heute Schul-Schnuppertag ist und alle, die wollen, dürfen zu Besuch kommen", schlägt Marie vor. „Meinetwegen", brummt Julia und dann beginnt der Unterricht.

Julia ist eine strenge Lehrerin. Wer etwas sagen will, muss jedes Mal den Finger in die Höhe strecken.

„Das ist doch blöd!", protestiert Felix. „So ist das aber in der richtigen Schule", erwidert Julia. „Das weiß ich von meiner großen Schwester und die geht schon lange in die Schule. So, und jetzt üben wir schreiben." Die Julia-Lehrerin verteilt Stifte und Papier. „Jeder schreibt seinen Namen und malt ein Bild", verlangt Julia. „Aber ganz ordentlich. Und wer schwätzt oder Blödsinn macht, der kriegt 'ne schlechte Note."

Julia spaziert zwischen den Stühlen herum, um zu sehen, was ihre Schüler machen. „Sehr gut, Marie", lobt sie, „du kriegst eine Super-Eins." Auch Maxies Blumenbild bekommt eine gute Note. Nur an Felix' Zeichnung nörgelt Julia herum. „Keine Lust mehr!" Felix steht auf, aber Julia hält ihn zurück. „Das geht nicht! Du kannst nicht einfach aus der Schule weggehen." „Kann ich doch!", behauptet Felix trotzig und geht. „Dann ist jetzt Pause", erklärt Marie, „und wir spielen auf dem Schulhof." „Meinetwegen", brummt Julia. „Spielen wir Fangen. Ihr müsst mich kriegen." Aber Maxie möchte lieber Hüpfkästchen spielen und Marie Verstecken, als ein lautes „Ding-Dong!" durch den Raum hallt.

„Die Pause ist zu Ende und jetzt bin ich die Lehrerin!" Melissa steht schon an der Tafel. „Das kannst du doch noch gar nicht. Dafür bist du viel zu klein!", sagt Julia und drängt Melissa zur Seite. Die aber lässt sich nicht so schnell unterkriegen und fast kommt es zum Streit. Zum Glück hat Maxie eine gute Idee: „Wir spielen Schultest. So wie neulich, als die Ärztin geschaut hat, ob auch alle Kinder groß genug sind für die Schule. Vielleicht ist Melissa auch schon groß genug, obwohl sie noch nicht sechs ist?"

Dann wird gemessen und verglichen. Immer zwei Kinder stellen sich Rücken an Rücken. Und siehe da: Melissa ist genauso groß wie Marie, die in die Schule kommt. Und sie ist sogar ein bisschen größer als Julia, obwohl Julia doch die Älteste im Kindergarten ist. Also kann Melissa auch die Lehrerin sein, finden Maxie, Marie und die anderen. „Außerdem kann sie gut Bäume malen. Das bringt sie uns jetzt bei!", sagt Maxie. Melissa läuft stolz auf den Lehrerinnenplatz, aber Julia ist beleidigt und macht beim Schulespielen nicht mehr mit – jedenfalls an diesem Vormittag.

Sylvia Schopf

Nein!, sagt der kleine Bär

Eines Morgens wachte der kleine Bär auf und war auf die ganze Welt böse, er wusste selber nicht warum. So was kommt manchmal vor.

„Spiel mit mir Fang-mich-wenn-du-kannst!", sagte das Eichhörnchen. Der kleine Bär stampfte mit den Pfoten. „Ich will nicht! Ich will nicht!"

„Spiel mit uns Verstecken", sagten die kleinen Füchse. „Ich will nicht! Ich will nicht!", rief der kleine Bär. „Spiel mit uns Wir-gehen-auf-die-Jagd!", sagten die kleinen Wölfe. „Ich will nicht! Ich will nicht!", rief der kleine Bär.

Der große Bär war wach geworden. Er kam aus der Höhle. Er sagte: „Die Blaubeeren sind reif. Gehen wir zum Blaubeerenhügel, kleiner Bär!" „Ich will nicht! Ich will nicht!", schrie der kleine Bär. „Wenn du nicht willst, muss ich alleine gehen", sagte der große Bär und ging in den Wald. Das war dem kleinen Bären auch nicht recht. „Warte! Warte!", rief er. Der große Bär wartete, bis der kleine Bär bei ihm war.

Sie kamen an einen Bach. „Da hinüber?", fragte der kleine Bär. „Ja, da hinüber", sagte der große Bär. „Ich will nicht! Ich will nicht!", rief der kleine Bär. „Ich will keine nassen Pfoten haben!" Es war ein schlimmer Fall der Ich-will-nicht-Krankheit.

„Dann muss ich eben alleine gehen", sagte der große Bär, watete durch den Bach und verschwand im Wald. „Warte!", rief der kleine Bär und tapste durch den Bach, dass das Wasser nur so spritzte.

Der kleine Bär kam ans andere Ufer und lief in den Wald, aber der große Bär war nirgends zu sehen. Der kleine Bär suchte und suchte. „Großer Bär! Großer Bär! Wo bist du?"

„Da bin ich!", sagte der große Bär und trat hinter einem Baum hervor.

„Komm! Gehen wir Blaubeeren essen", sagte der kleine Bär, denn nun war er hungrig.

Der große Bär stampfte mit den Pfoten. „Nein! Jetzt will ich nicht! Ich will nicht! Ich will nicht!" Es war ein sehr schlimmer Fall der Ich-will-nicht-Krankheit.

Der kleine Bär war ratlos. Was sollte er nur tun? Er dachte nach und dachte nach und sagte: „Bleib hier, großer Bär! Ich geh zum Blaubeerenhügel und pflücke dir zwei Pfoten voll." Das war wirklich lieb vom kleinen Bären. „Weißt du was?", sagte der große Bär, „wir gehen miteinander – du und ich!"

Der große Bär und der kleine Bär gingen miteinander zum Blaubeerenhügel. Sie aßen Blaubeeren und aßen und aßen. Die Blaubeeren schmeckten wunderbar.

Käthe Recheis

Der Schönheitswettbewerb

Eines Tages entdeckten die Tiere im Wald ein Plakat, das an einem Baum hing. ‚Wettbewerb' stand groß darauf und darunter: ‚Welches Tier hat den schönsten Schwanz?' Und ganz unten stand noch der erste Preis: eine Taschenlampe.

„Oh, eine Taschenlampe!", freute sich der Fuchs.

„Die kann ich gut gebrauchen. In meinem Bau ist es immer ziemlich dunkel."

„Du spinnst ja!", rief der Biber.

„Wenn ich nachts an meiner Biberburg baue, brauche ich die Taschenlampe viel nötiger als du."

„Als ob du eine Chance hättest, den Wettbewerb zu gewinnen", spottete der Fuchs. „Schau dir doch mal deinen Schwanz an! Meiner dagegen ist kuschelig und weich! Nein, nein, mein Lieber, den Preis bekomme ich, ganz klar!"

Aufgebracht schrie der Biber: „Dein Schwanz ist völlig nutzlos! Meiner kann rudern, schaufeln und klopfen! Das soll mir mal einer nachmachen."

Und energisch schlug er dreimal mit seinem Schwanz auf den Boden.

Nun mischten sich auch die anderen Tiere in den Streit ein.

„Mein Federschwanz glänzt wie Seide im Sonnenlicht, so schön wie kein anderer", krächzte die Elster.

Aber der Fasan lachte nur höhnisch darüber.

„Seht her", piepste die Zwergmaus, „mit meinem Schwanz kann ich mich überall festhalten. Ist das nicht toll?"

„Mein Schwanz kann auch etwas Besonderes", bemerkte das Stachelschwein, „nämlich rasseln!" Und sofort wackelte es hin und her, dass die hohlen Borsten an seinem Schwanzende klapperten.

„Mein Schwanz ist giftig. Das sieht man gleich an der gelben Farbe", sagte der Feuersalamander und sah sehr wichtig dabei aus.

„Aber doch nicht nur dein Schwanz", rief das Stachelschwein. „Das gilt nicht!"

„Passt mal auf", brummte nun der Bär sehr bestimmt. „Den schönsten Schwanz habe ich. Denn er ist klein und kaum zu sehen. So gut wie unsichtbar, gewissermaßen."

Aber auch davon ließ sich keiner beeindrucken.

Immer mehr Tiere kamen neugierig dazu und erklärten ihren Schwanz zum allerschönsten im ganzen Wald. Der Waschbär lobte seinen buschigen Ringelschwanz, der Hase fand seinen Wattebausch-Schwanz besonders außergewöhnlich und das Wildschwein erzählte allen, wie gut es mit seinem Pinselschwanz wedeln und die Fliegen vertreiben könne.

Das Geschrei wurde lauter und lauter, und bald verstand keiner mehr sein eigenes Wort.

Doch plötzlich rief eine Stimme: „Was soll denn dieser Unsinn? Jedes Tier hat einen schönen Schwanz, der zu ihm auch am besten passt. Wie würde der Bär wohl mit einem Salamanderschwanz aussehen? Oder der Hase mit einem Biberschwanz?"

Für einen Moment war absolute Stille im Wald.

Die Tiere dachten nach.

Auf einmal war ein leises Kichern zu hören, dann ein Glucksen und schließlich ein schallendes Gelächter.

„Ein Hase mit Biberschwanz!", kreischte der Biber und schlug dem Fuchs vor Vergnügen auf die Schulter.

„O... O... Oder ein Wildschwein mit einem Fuchsschwanz!", prustete der Feuersalamander.

„Ja, oder stellt euch die Zwergmaus mit meinem Schwanz vor!", johlte das Stachelschwein und kugelte sich vor Lachen.

Die Tiere lachten, bis ihnen die Bäuche wehtaten.

Und dann beschlossen sie, zur Feier des Tages ein großes Fest zu machen.

Die weise Eule lächelte und flog auf leisen Schwingen davon.

Sie hatte erreicht, was sie wollte.

Barbara Stachuletz

39

Panne, der Ziegenbock

Alle nannten ihn Panne, weil kaum ein Tag verging, ohne dass ihm ein Missgeschick passierte. Panne war wirklich vom Pech verfolgt. Es fing an, als er bei seiner Geburt in eine Marderwohnung fiel, die voller bunter Federn war. Mama Ziege wollte ihr Kind beschnuppern, lieb haben und herzeigen. Aber es war nicht da! Mama Ziege suchte verzweifelt unter Gräsern und Blättern. Endlich fand sie die Grube und hatte Mühe, Panne herauszubekommen. Aber wie sah der Kleine aus! Gar nicht wie ein Ziegenböckchen, eher wie ein Vogel auf vier Beinen, denn er war rundum mit Federn bedeckt. Panne erhob sich mühsam, fiel um, versuchte es noch einmal – so wie alle Ziegenbabys – und blieb auf wackeligen Beinchen stehen.

„Dein Kind sieht aber komisch aus!", meckerten die anderen Ziegen. „Das sehe ich selbst!", ärgerte sich Mama Ziege. Panne machte die ersten unsicheren Schritte. Er wollte zu Mama. Doch da standen zu viele Ziegenbeine! Welche waren ihre? Das Gemecker wurde immer lauter. „Ist das ein Vogelbock?", witzelte eine der Ziegen. Da lief ein Ziegenkind zu Panne und sagte: „Sei nicht traurig! Mir gefällt dein buntes Kleid."

Panne drehte den Kopf und schielte auf seinen Rücken. Dann sah er die anderen Ziegen an. Sie hatten ein weißes, graues, braunes oder geflecktes Fell. Keine war bunt wie er. Und das Schlimmste: Alle fanden ihn komisch! Panne schämte sich. Er fühlte sich verlassen und rief verzweifelt nach seiner Mama. Das wirkte. Mama Ziege stieß die anderen beiseite und stellte sich schützend vor ihr Kind. „Ihr habt ihn gesehen und jetzt verschwindet wieder!", sagte sie und drohte mit ihren Hörnern. Da trollten sich alle. Mama Ziege begann ihr Kind

abzulecken – wie alle Ziegenmamas. Und siehe da, die Federn gingen ab, jede einzelne!

„Alle mal herhören!", rief Mama Ziege, als sie Panne gesäubert hatte. „Ich habe ein ganz normales Ziegenbaby!"

„Schade", sagte das Ziegenkind. „Mir hat es vorher besser gefallen!"

–„Ja, schade", meinten jetzt auch die anderen Ziegen. „Vorher war er etwas Besonderes."

Aber etwas Besonderes blieb Panne, wie sich bald herausstellen sollte. Wenn er sprang, landete er mit Sicherheit an der falschen Stelle. Einmal sogar auf dem Rücken eines Stieres. Der schnaubte fürchterlich und drohte, ihn mit den Hörnern aufzuspießen. Panne konnte gerade noch über einen Zaun springen. Unglücklicherweise landete er diesmal auf einem Ameisenhaufen. Die Tierchen waren bitterböse, weil er ihren Bau zerstört hatte, und bissen ihn. Da rannte Panne zum nächsten Teich. Aber auf dem Weg dorthin rammte er einen Bienenstock und der Schwarm verfolgte ihn wütend. Panne sauste so schnell er konnte davon, sprang mit einem Satz in den Teich und blieb im Schlamm stecken. Die Bienen fielen über ihn her. Zum Glück kam ein Bauer und holte ihn heraus. Er nahm ihn mit auf seinen Hof. Panne war es recht, denn zu essen gab es genug und einen Schlafplatz. Doch am nächsten Tag sprang Panne auf das Dach des Entenstalles und brach ein. Der Bauer wurde wütend und wollte ihn schlagen. Doch Panne rettete sich auf ein großes blaues Ding aus Metall.

„Mein teures Auto! Du saublöder Bock!", schrie der Bauer. Außer sich vor Zorn jagte er Panne vom Hof.

Kurz und gut, wenn es irgendwo Ärger gab, dann meistens wegen Panne. „Warum muss das immer mir passieren?", klagte er. „Ich bin zu gar nichts nütze. Alles mache ich kaputt."

Panne war so unglücklich, dass er auf einen hohen Berg kletterte. Dort wollte er von nun an leben – ganz alleine – für immer und ewig.

„Du gefällst mir", sagte plötzlich eine hübsche braune Ziege.

„Aber ich bin ungeschickt und mache alles kaputt", sagte Panne zaghaft. „Schau dich um! Was willst du hier oben schon kaputtmachen?"

Panne sah saftige Wiesen mit köstlichen Kräutern, einen klaren Bach, aus dem er trinken konnte und andere Ziegen, die friedlich wiederkäuten. Wie im Paradies, dachte er.

Und so hatte Panne endlich Glück. Nicht lange danach wurde er stolzer Ziegenpapa. Als sein Kind zur Welt kam, war er dabei. Mama Ziege wollte es beschnuppern, lieb haben und herzeigen. Aber es war nicht da!

Da erinnerte sich Panne daran, was ihm die Verwandten von seiner Geburt erzählt hatten. Er fand die Grube, in der sein Kind lag und half ihm heraus. Es war rundum bedeckt mit Kaninchenflaumwolle. „Willkommen!", sagte Panne. „Ich bin dein Papa. Was auch geschehen mag – ich bin immer für dich da!"

Christine Rettl

42

Sanni hört nicht richtig

Das Haus, neben dem Silke und Tina wohnen, steht schon über ein halbes Jahr leer. Heute endlich hält ein großer Möbelwagen, und zwei Männer tragen viele große Kisten und Möbel hinein.

„Wer da wohl einzieht?" Silke und Tina sehen zum Fenster hinaus, aber sie sehen niemanden außer den beiden Männern.

Ein paar Tage später kommt ein kleines gelbes Auto und – ja, das muss die Familie sein, die nebenan wohnen wird.

„Ist auch ein Kind dabei?", fragt Tina Silke, denn die versperrt ihr die ganze Sicht. „Ja", sagt Silke, „ein Mädchen." „Sollen wir gleich rausgehen und fragen, ob sie mit uns spielt?" „Nee!" Silke schüttelt den Kopf, „die sind schon drinnen – sicher müssen sie auspacken."

Viele Tage vergehen und immer sehen Tina und Silke aus dem Fenster zu den neuen Nachbarn. Aber das kleine Mädchen ist nie zu sehen. „Doof", schimpft Silke, „wohnt da und kommt nie raus – dabei haben wir schönes Wetter."

An einem sonnigen Mittag sehen sie das kleine Mädchen von nebenan hinten im Garten spielen.

„Komm, wir rufen sie", sagt Silke zu Tina und die beiden gehen an den Gartenzaun und rufen: „Du!" „Hallo du!" „Hey – spielst du mit uns?" Die Kleine rührt sich nicht. Sie sieht sich nicht mal um.

Enttäuscht gehen Tina und Silke wieder weg. „Zimtzicke", sagt Tina, „hätte ja wenigstens was sagen können."

Daheim erzählen sie der Mama, was für eine doofe Nachbarin neben ihnen wohnt und dass sie nicht mal den Kopf rumdreht, wenn man sie anspricht.

Mama versteht, dass die beiden Mädchen enttäuscht sind.

„Wir könnten ja mal einen kleinen Begrüßungsbesuch machen", sagt sie, „und mit den Leuten reden – wisst ihr, wir gehen einfach hin und klingeln und sagen, dass wir hoffen, dass sie sich hier wohl fühlen und gerne wohnen. Ihr könntet hinten am Hang einen kleinen Blumenstrauß pflücken – sollen wir?"

„Au ja." Die beiden Mädchen rennen los und kommen bald darauf mit einem bunten Strauß Sommerblumen wieder zurück. Mama fährt sich schnell durch die Haare und nimmt ein bisschen Lippenstift, und dann marschieren sie zum Haus Nummer 8 nebenan. Sie klingeln. Es dauert eine kleine Weile, dann öffnet die schmale junge Frau, die Silke und Tina schon vom Fenster aus gesehen haben. Sie sieht ganz erstaunt aus, als Mama sagt: „Guten Tag, wir wollten Ihnen einmal zeigen, wer neben Ihnen wohnt und hoffen, dass wir gute Nachbarn werden – das sind meine Töchter Silke und Tina!"

„Das ist aber nett – wollen Sie nicht reinkommen? Ich kann ja mal Sanni holen!"

Als sie im Wohnzimmer stehen, merkt Silke, dass sie ja noch immer die Blumen in der Hand hat. Da geht die Tür auf, und das kleine Mädchen steht da. Die Frau sagt: „Das ist Sanni – sie ist fünf Jahre alt und sie kann nicht hören. Oder jedenfalls nicht sehr gut. Deshalb sind wir auch hierher gezogen. Hier gibt es eine Schule, die Sanni einmal besuchen und wo sie die Gebärdensprache erlernen kann."

Tina sieht Silke an, und Silke starrt die kleine Sanni an. Ach so – deshalb hat sie sich nicht rumgedreht, als sie sie am Gartenzaun gerufen haben ...

Sannis Mutter beugt sich zu Sanni hinunter und spricht ganz langsam und deutlich auf sie ein, dabei unterstreicht sie mit den Händen, was sie sagt.

„Ein bisschen liest sie von den Lippen ab – und noch kann sie ja auch ein wenig hören." Sanni lächelt jetzt die beiden Kinder vorsichtig an. Silke fallen die Blumen ein, die sie in der Hand hält – immer noch –, und da geht sie spontan auf Sanni zu und gibt sie ihr: „Für dich", sagt sie laut. Sanni lacht und rennt mit dem Blumenstrauß hinaus. Als sie wiederkommt, hat sie eine viel zu große Blumenvase in der Hand. Die beiden Mütter unterhalten sich.

Silke und Tina gehen mit zu Sanni in ihr Zimmer. Dort spielen sie Memory. „Da braucht sie die Ohren nicht", sagt Silke zu Tina.

Christine Merz

Wie kann man nur Öskül heißen?

Der große Thomas schüttelt den Kopf. „Wie kann man nur Öskül heißen?", sagt er leise zu seinem Freund Martin. „Ganz schön doof!" Er wirft einen Blick hinüber zu Frau Kurz, die mit den Kleineren am Tisch bastelt. Sie hat nichts gehört. Auch Öskül nicht. Er sitzt in der anderen Ecke des Kindergartenraumes und macht ein Puzzle. Das heißt, er versucht es. Öskül ist neu. Er ist erst seit einer Woche in Deutschland. Seine Eltern haben ihn aus der Türkei mitgebracht. Er ist schon sechs Jahre alt und ziemlich groß.

Thomas ärgert sich. Sonst kommen immer nur Kleine in den Kindergarten. Wenn überhaupt Neue kommen, dann sind sie drei Jahre oder so. Und er, Thomas, und Martin und die anderen Großen sind die Größten in der Gruppe. Darauf hat Thomas drei Jahre gewartet. Dass er zu den Großen gehört.

Fast alle Kinder hören darauf, was Thomas sagt. Er sammelt die großen Jungs um sich und er ist dann auch meistens der, der sagt, was gemacht wird. „Thomas, der Bestimmer", sagen die anderen und das ist Thomas nur recht.

Aber jetzt ist dieser Neue da. Und der ist um einiges größer als Thomas. Thomas hat Angst, dass er jetzt nicht mehr der Größte in der Kindergartengruppe ist. Und später in der Schule auch nicht, denn todsicher kommt dieser Öskül dann auch mit ihm in eine Klasse.

Thomas zieht eine Grimasse hinüber, dorthin, wo Öskül sitzt. „Nachher machen wir mal ein Kämpfchen mit ihm – mal sehn, wer der Stärkere ist!", sagt er leise zu Martin. Dem wird er es zeigen, diesem fremden Kerl, der hier eingedrungen ist.

Aber erst mal ist nichts mit einem Kampf. Frau Kurz klatscht in die Hände und sagt, dass aufgeräumt werden muss.

Thomas flüstert zu Martin und Peter, Erik und Jan: „Wenn ich mit dem

Neuen kämpfe, dann müsst ihr mir aber zurufen, damit ich gewinne – den verklopf ich, verlasst euch drauf!"

Als die Kinder im Kreis sitzen, holt Frau Kurz ein Bilderbuch hervor, das auch von einem türkischen Jungen erzählt. Die Kinder sehen das fremde Land und hören, wie es dem Jungen in Deutschland ergeht, wo er doch kein einziges Wort versteht.

Thomas will gar nicht hinsehen. Was geht ihn das alles an. Wäre er doch dort geblieben, dann hätte er keine Probleme. „Selber schuld", denkt Thomas. Und er hofft, dass der Kindergarten bald aus ist, damit er sich mit Öskül klopfen kann. „Öskül", denkt er wieder, „wenn man schon so einen komischen Namen hat!"

Aber der Kindergarten ist noch nicht aus.

Frau Kurz holt jetzt noch ein anderes Buch heraus. Es ist kein Bilderbuch, sondern ein türkisches Wörterbuch. „Hier drin stehen alle deutschen Wörter und wie man sie in Türkisch spricht", erklärt sie den Kindern. „Welches Wort wollt ihr hören?", fragt sie die Kinder. Die wissen erst keines. Dann sagt Sabine: „Schönes Wetter!" Frau Kurz sucht im Wörterbuch, sie blättert und blättert. „Ah, hier", sagt sie: „Wetter – das ist es – oje." Das Wort Wetter ist auf Türkisch schwer zu lesen – überhaupt können wir Deutsche die türkische Sprache kaum aussprechen.

Frau Kurz versucht es: „Gützel hara." Da sagt Öskül das schwierige Wort, und zum ersten Mal an diesem Morgen lächelt er.

Die Kinder sind jetzt ganz interessiert und wollen alle möglichen Wörter auf Türkisch hören. Es klingt so fremd und eigenartig, wenn Öskül sie ausspricht. Aber immer lächelt er dabei, und das freut die Kinder.

Nach einer Weile des Herumsuchens nimmt Öskül Frau Kurz das Wörterbuch aus der Hand. Er zeigt auf ein türkisches Wort und spricht es aus. Frau Kurz liest es dann auf Deutsch ab. Ohrentropfen heißen „Kulak damlais" und „Haben Sie gut geschlafen?" „Igi uyudunuz muū?" Auf einmal stockt Frau Kurz. „Aber Öskül, du kannst ja lesen!" Sie staunt, und auch die Kinder staunen. Öskül kann lesen, aber nicht Deutsch sprechen.

Auch Thomas hat mitgehört, die vielen fremden Worte, die sich so schwer anhören. „Oje", denkt er, „wenn ich Türkisch lernen müsste!" Er begreift, dass Öskül es gar nicht leicht hat, hier im fremden Land. Und er hat auf einmal keine Lust mehr, sich mit Öskül zu klopfen.

„Wir müssen Deutsch mit ihm lernen, bis er in die Schule kommt!", sagt er zu Martin. „Sonst nützt ihm das Lesen-Können gar nichts!" Dann zieht er eine bunte Glasmurmel aus der Hosentasche. Er stellt sich vor Öskül und sagt: „Das ist eine *Murmel* – Murmel." Ganz langsam und deutlich hat er gesprochen, der Thomas. Öskül lacht und probiert „*Murmel*", und dabei lacht er.

Christine Merz

Mama Wildschweins Sorgenkind

Lara war Mama Wildschweins Sorgenkind. Sie manschte nicht mit dem Essen, beim Trinken benützte sie einen Strohhalm. Nicht einmal im Schlamm wollte sie sich suhlen. An warmen Herbsttagen badete sie im klaren Bach oder sie schwamm ein paar Runden im Ententeich. Wenn ihre Schwestern nach Wurzeln und Trüffeln scharrten, zupfte sie manierlich süße Beeren vom Strauch. Machten sich die anderen schmatzend über das Fallobst her, versuchte Lara die Früchte auf den Bäumen zu erreichen. „Was machst du denn da?!", entsetzte sich Mama Wildschwein. „Wir Wildschweine essen, was auf der Erde ist und darunter!"

„Ich nicht. Ich esse, was oben wächst", antwortete Lara. Sie wollte eben höher hinaus, viel höher. Nachdem sie eine Bärin gesehen hatte, die aufrecht ging, übte sie das Gehen auf den Hinterbeinen. „Was soll denn das werden?", fragten ihre Schwestern. „Ich gehe wie die vornehmen Leute", antwortete Lara.

„Lara ist plemplem", sagten die Schwestern. Und Mama Wildschwein klagte: „Aus dir wird niemals ein normales Wildschwein werden."

„Das will ich auch stark hoffen", gab Lara zur Antwort.

Im Winter, als sich die Wildschweinkinder frierend aneinander kuschelten, schlitterte sie fröhlich den Hügel hinunter. Und auf dem zugefrorenen Ententeich drehte sie anmutige Pirouetten. Mama Wildschwein verkroch sich vor Scham in ihrer Höhle und jammerte: „Mit diesem Kind wird es noch einmal ein böses Ende nehmen!"

Die Wildschweinmädchen verloren ihre Frischlingsstreifen und wurden heiratsfähig. Als der Schnee geschmolzen war und am Waldrand die Veilchen blühten, nahmen sie die erstbesten Keiler, die ihre Wege kreuzten. Lara war das hübscheste und anmutigste Wildschweinmädchen im ganzen Land und hatte die meisten Verehrer. Doch keiner

gefiel ihr. „Zu gewöhnlich! Zu fett! Zu dumm!", quiekte sie. Die Wildschweinmänner konnten bitten und schmeicheln, so viel sie wollten, es half nichts. Lara ließ sie einfach stehen.

„Wenn du so weitermachst, wirst du nie einen Mann kriegen", warnte Mama Wildschwein.

„Ich mache, was mir passt!", rief Lara. Sie schmückte sich mit Kirschblüten und übte Tanzschritte unter dem Kirschbaum – bis ein fremder Keiler auftauchte. Lara sah es schon von weitem. Der war anders! Alles an ihm wirkte vornehm: sein aufrechter Gang, seine edle Gestalt, seine prächtigen weißen Eckzähne. Aber das war noch nicht alles. Im rechten Vorderhuf hielt er einen schwarzen Spazierstock. Auf dem Kopf trug er einen Zylinderhut. Und dann roch er auch noch nach Fliederparfüm! Neben ihm lief ein kleiner Hund. Der suchte ihm die Trüffeln. Das war der Gipfel an Vornehmheit! Der Fremde spazierte geradewegs auf sie zu. Lara wurde sehr aufgeregt, ließ sich aber nichts anmerken. Der Keiler blieb vor ihr stehen und zog seinen Hut. „Einen wunderschönen guten Tag", grüßte er. „Gestatten, dass ich mich vorstelle! Mein Name ist Theobald! Sie sehen übrigens bezaubernd aus – wie der junge Frühlingsmorgen!"

Lara war verwirrt. Noch nie hatte jemand so zu ihr gesprochen. Außerdem – alle Wildschweine, die sie kannte, duzten einander.

„Ich heiße Lara und übe gerade ein paar Tanzschritte", quiekte sie, als sie sich wieder gefangen hatte.

„Sie sind äußerst begabt", sagte Theobald ernsthaft. „Ein Talent, wie Sie es sind, suche ich seit langem – für meinen Zirkus. Kommen Sie mit mir! Ich mache Sie zu einem weltberühmten Star!"

Das ließ sich Lara nicht zweimal sagen. Sie packte alles in ihre Tasche, was sie brauchte, und einiges, was sie nicht brauchte.

„Geh nicht!", beschwor sie Mama Wildschwein. „Du rennst in dein Unglück!" Doch Lara klappte seelenruhig ihre Tasche zu, sagte: „Mach dir keine Sorgen, Mama! Ich komme schon zurecht! Tschüs! Lebe wohl!", und ging mit Theobald zum Zirkus.

Schon bald konnte sie mit einem Einrad über das Seil hoch oben in der Zirkuskuppel fahren und dabei mit Porzellantellern jonglieren. Bald war sie der absolute Superstar.

Der Zirkus kam in die größten Städte der Welt. Als er nach langer Zeit in Laras Heimat gastierte, besuchte Lara die Wildschweine im Wald. Das war vielleicht ein Hallo! Alle wollten von ihr ein Autogramm haben. Die Wildschweinmänner verehrten sie noch mehr als früher. Die kleinen Wildschweinmädchen wollten alle so werden wie sie. „Ich hab es schon immer gewusst, dass aus meiner Lara einmal etwas ganz Besonderes wird!", brüstete sich Mama Wildschwein.

Christine Rettl

51

Der Kummerstein

Als Mattes seine Großeltern besuchte, sahen sie gleich, dass er Kummer hatte. Kindern sieht man das nämlich an. Sie halten ihren Kopf gesenkt und lassen die Schultern hängen. Wenn man sie etwas fragt, dann sagen sie nur: „Hm, hm" und: „Mh, mh" oder zucken nur mit den Schultern. All das tat Mattes.

Die Großeltern wussten auch warum, aber sie waren zu feinfühlig, um gleich darüber zu sprechen. Stattdessen nahm Großvater seinen Enkel zum Angeln mit. Als sie so still am Bach saßen, fing Großvater an zu erzählen:

„Als ich ein Junge war wie du jetzt, da wohnten wir in Kanada. Ich glaube, das weißt du ja. Zu der Zeit gab es in Kanada eine Braunbärenfamilie, Vater, Mutter und zwei Kinder. Ich kannte sie nicht persönlich, aber ich habe ihre Geschichte oft gehört.

Diese Bärenfamilie wanderte eines Sommers immer weiter in den Norden, denn das Futter wurde knapp. Mutterbär wäre eigentlich lieber im Süden geblieben, aber Vaterbär zog es hoch in den Norden, wo das Leben wild und das Land noch unberührt war. Er träumte davon, ein Polarbär zu werden und sich als Robbenjäger zu betätigen. Mutter ging mit, so weit sie konnte. Aber mit den zwei Kindern war das nicht leicht.

Weißt du eigentlich, dass Braunbären und Eisbären eng miteinander verwandt sind? In Kanada sagt man übrigens nicht Eisbär, sondern Polarbär. Das Fell vom Vaterbär wurde schon ganz hell und dicht, und die Kälte machte ihm immer weniger etwas aus. Als sie an die Schneegrenze kamen, sagte Mutter Braunbär aber: ‚Bis hierher und nicht weiter.'

Vaterbär war mit seinen Gedanken schon im Polargebiet. Er wurde immer mehr zum Polarbären und wartete ungeduldig darauf, dass die

Eisdecke zufrieren würde, damit er nach Grönland zum Robbenfischen gelangen könnte. Als das Eis auf sich warten ließ, wurde er grantig, fing Zankereien mit anderen Bären an und schlug seine Bärenkinder. Mutterbär musste sich immer öfter dazwischen werfen und den Polarbären wegbeißen.

Endlich fror die Eisdecke zu und alle Polarbären machten sich auf den Weg zur Robbenjagd. Mutter Braunbär blieb allein mit den Kindern und wanderte langsam wieder in wärmere Gefilde.

Obwohl die kanadischen Wälder schön und voller guter Blaubeeren waren und obwohl seine Mutter gut für ihn sorgte und seine Schwester gern mit ihm spielte, wurde der kleine Braunbär immer trübsinniger. Er hörte auf, ordentlich zu essen. Oft saß er auf seinen kleinen Hinterbeinen und schwenkte seinen Kopf traurig hin und her, hin und her.

Schließlich wurde das der Mutter zu viel. So einen Trauernickel die ganze Zeit um sich zu haben, ist ja auch nicht leicht, besonders, wenn

man nichts an den Umständen ändern kann. Darum führte die Bärenmutter den kleinen Braunbär zu einem ausgehöhlten Stein und sagte: ‚Jetzt kannst du dich da mal hinsetzen und traurig sein. Nach einer Weile nimmst du diesen Stein hier und drückst ihn ganz fest mit der Pfote. Wenn du gar nicht mehr stärker drücken kannst, dann lässt du ihn plötzlich los. Und du wirst fühlen, dass dann dein Kummer verschwindet. Nicht für immer, aber für eine Weile. Nur darfst du nur einmal am Tag zu diesem Stein kommen und Kummer haben.'

Der kleine Braunbär tat, wie ihm geheißen. Und tatsächlich: Nachdem er eine Weile getrauert und dann den Stein gedrückt und losgelassen hatte, war das schlimme Kummergefühl verschwunden. Darüber war der kleine Bär sehr froh.

Am nächsten Tag bekam er wieder so ein Kummergefühl. Aber er setzte sich nicht hin, um seinen Kopf zu schwenken, sondern er wartete bis zum Abend. Dann ging er zu seinem Kummerplatz, setzte sich darauf und drückte seinen kleinen Kummerstein so fest er konnte. Nach einer Weile ließ er ihn los. Und siehe da, der Kummer verschwand. So machte er es jeden Abend, bis der Kummer schließlich ganz verschwunden war."

Hier war die Geschichte zu Ende und als Großvater eine Weile schwieg, fragte Mattes:

„Gibt es solche Steine auch für Menschen?"

„Oh, absolut!", sagte Großvater. Er zog gerade eine dicke Forelle aus dem Wasser. „In Kanada waren sie zu meiner Zeit sehr verbreitet. Warte mal. Ich glaube sogar, dass ich noch einen habe."

Großmutter freute sich über die große Forelle. Während sie das Abendessen vorbereitete, ging Großvater mit Mattes auf den Dachboden. In einer alten Kiste fanden sie alles Mögliche und auch einen flachen Kieselstein, auf den ein kleiner Bär gemalt war.

„Hier ist er ja", sagte Großvater. Und Mattes fragte, ob er ihn sich wohl mal ausleihen dürfte. Das durfte er.

„Falls ich ihn später mal brauchen sollte, dann sage ich Bescheid."

Großvater fand auch noch einen kleinen alten Korbstuhl. Den nahm er mit hinunter und stellte ihn unter die Trauerweide im Garten.

Nach dem Abendessen schauten die Großeltern zum Fenster hinaus. Da sahen sie Mattes auf dem kleinen Korbstuhl sitzen. In seiner Hand hielt er den Kummerstein. Großvater war sicher, dass er ihm ebenso helfen würde wie dem kleinen Braunbären, dessen Vater in der Arktis verschwunden war.

Linde von Keyserlingk

Anna und die Wut

Es war einmal eine kleine Anna, die hatte ein großes Problem. Sie wurde unheimlich schnell und schrecklich oft wütend. Viel schneller und viel öfter als alle anderen Kinder. Und immer war ihre Wut gleich riesengroß!

Wenn die riesengroße Wut über Anna herfiel, färbten sich ihre Wangen knallrot, ihre seidigen Haare wurden zu Igelstacheln, die knisterten und Funken sprühten, und ihre hellgrauen Augen glitzerten dann rabenschwarz.

Die wütende Anna musste kreischen, fluchen und heulen, mit dem Fuß aufstampfen und mit den Fäusten trommeln. Sie musste beißen und spucken und treten. Manchmal musste sie sich auch auf den Boden werfen und um sich schlagen.

Anna konnte sich gegen die riesengroße Wut nicht weh-ren. Aber das glaubte ihr niemand. Die Mama nicht, der Papa nicht und die anderen Kinder schon gar nicht. Die lachten Anna aus und sagten: „Mit der kann man nicht spielen!"

Das Schlimmste an Annas riesengroßer Wut war aber, dass jeder etwas davon abkriegte, der der wütenden Anna in die Nähe kam. Auch die, die ihr überhaupt nichts getan hatten.

Wenn Anna beim Schlittschuhlaufen stolperte und hinfiel, wurde sie wütend. Kam dann der Berti und wollte ihr wieder hochhelfen, schrie sie ihn an: „Lass mich bloß in Ruhe, du Depp!"

Wollte Anna ihrer Puppe Ännchen die Zöpfe flechten und schaffte das nicht, weil die Haare von Ännchen dafür viel zu kurz waren, wurde sie wütend und warf die Puppe gegen die Wand.

Bat Anna die Mama um ein Bonbon und die Mama gab ihr keines, wurde sie wütend und trat dem Papa auf die Zehen. Bloß, weil die

Zehen vom Papa gerade näher bei Anna waren als die Zehen der Mama.

Baute Anna aus den Bausteinen einen Turm und stürzte der ein, bevor er fertig war, wurde Anna wütend und warf die Bausteine zum Fenster hinaus. Und einer davon traf die Katze am Kopf.

Am wütendsten wurde Anna, wenn die anderen Kinder über sie lachten. Da konnte es dann sein, dass sie auf vier große Buben losging. Doch vier Buben sind viel stärker als eine kleine Anna! Zwei packten Annas Arme, zwei packten Annas Beine. So liefen sie mit der kreischenden und spuckenden Anna im Park herum und riefen: „Gleich platzt der Giftzwerg vor Wut!" Und alle anderen Kinder kicherten.

Und oft tat sich die wütende Anna selbst weh. Trat sie wütend gegen ein Tischbein, verstauchte sie sich die große Zehe. Oder sie schlug wütend um sich und stieß sich dabei den Ellbogen am Türrahmen blau. Einmal biss sie sich sogar vor lauter Wut so fest in den eigenen Daumen, dass Blut aus dem Daumen spritzte. Zwei Wochen lang musste Anna hinterher mit einem dicken Verband am Daumen herumlaufen.

„So kann das nicht weitergehen", sagte die Mama. „Anna, du musst lernen, deine Wut runterzuschlucken!"

Anna gab sich große Mühe. So oft sie die Wut kommen spürte, schluckte sie drauflos! Um besser schlucken zu können, trank sie Wasser literweise. Doch davon bekam sie bloß einen Schlabber-Blubber-Bauch und Schluckauf. Und die Wut wurde noch größer, weil sie sich nun auch über das lästige ‚Hick-hick' ärgern musste.

„So kann das nicht weitergehen", sagte der Papa. „Anna, wenn du die Wut nicht runterschlucken kannst, dann gibt es nur mehr eines: Du musst der Wut eben aus dem Weg gehen!"

Anna gab sich große Mühe. Weil sie der Wut aus dem Weg gehen wollte, ging sie den großen Buben aus dem Weg und den anderen Kindern auch, damit niemand über sie lachen konnte. Sie ging nicht mehr

Schlittschuh laufen. Sie spielte nicht mehr mit der Puppe Ännchen. Sie bat die Mama nicht mehr um ein Bonbon. Sie baute aus den Bausteinen keinen Turm mehr. In den Park ging sie auch nicht mehr. Sie saß nur noch daheim in ihrem Zimmer auf ihrem Korbstühlchen, hatte beide Hände auf den Armlehnen liegen und starrte vor sich hin. „So kann das nicht weitergehen", sagten die Mama und der Papa.

„Doch!", sagte Anna. „Wenn ich hier sitzen bleibe, dann findet mich die Wut nicht!"

„Willst du nicht wenigstens ein bisschen stricken?", fragte die Mama.

„Nur nicht!", antwortete Anna. „Da fällt mir dann eine Masche von der Nadel und ich werde wütend!"

„Willst du nicht wenigstens aus dem Fenster schauen?", fragte der Papa.

„Nur nicht!", antwortete Anna. „Da könnte ich leicht etwas sehen, was mich wütend macht!"

So blieb Anna im Korbstühlchen sitzen, bis am Sonntag der Opa zu Besuch kam. Der brachte für Anna eine Trommel und zwei Schlägel mit. Er sagte: „Anna, mit der Trommel kannst du die Wut wegjagen!"

Zuerst glaubte Anna das gar nicht. Doch weil der Opa Anna noch nie angeschwindelt hatte, war sie dann doch bereit, die Sache zu probieren. Aber dazu musste sie zuerst einmal eine ordentliche Wut kriegen. Anna holte die Bausteine, baute einen Turm und sagte zum Opa: „Wenn der nicht zwei Meter hoch wird, krieg ich einen Wutanfall!" Nicht einmal einen Meter hoch war der Turm, da stürzte er schon ein. „Verdammter Mist!", brüllte Anna. Der Opa drückte ihr die Schlägel in die Hände und hielt ihr die Trommel vor den Bauch und Anna trommelte los!

Der Opa hatte nicht geschwindelt. Das Trommeln verscheuchte die Wut! Anna musste sogar lachen, als sie den kaputten Turm anschaute!

Den ganzen Sonntag tat Anna Sachen, von denen sie wusste: Da könnte mich leicht die riesengroße Wut überfallen! Sie nähte einen Knopf an. Als im Faden vier Knoten mit vier Schlingen waren und Anna ihre Haare schon igelsteif werden spürte, riss sie den Faden ab und trommelte. Gleich wurden aus den knisternden Stacheln wieder Seidenfransen und die Wut war weg! Dann lief Anna ins Wohnzimmer und drehte den Fernseher an, weil es gerade einen Krimi zu sehen gab und die Mama nie erlaubte, dass Anna einen Krimi anguckte. Die Mama kam und drehte den Fernseher ab. Annas Wangen wurden knallrot vor Wut! Diesmal musste sie ziemlich lange trommeln, doch es gelang wieder! Die Knallröte verschwand, ganz friedlich und sanft fühlte sich Anna, als sie die Trommel wegstellte.

Am Montag ging Anna mit der Trommel in den Park. „Da kommt ja der kleine Giftzwerg", rief ein großer Bub und die anderen Kinder lachten. Annas Augen glitzerten rabenschwarz, wie wild schlug sie auf die Trommel und marschierte an dem großen Buben vorbei. Da rissen alle Kinder vor Staunen die Augen und die Mäuler auf und marschierten hinter Anna her. Dreimal machte Anna im Park die Runde, dann ließ sie endlich die Trommelschlägel sinken. Alle Kinder klatschten Beifall und riefen: „Du kannst ja wunderschön die Trommel schlagen!" Das meinten sie wirklich ehrlich.

Seither hat Anna die Trommel immer, vom Morgen bis zum Abend, vor den Bauch gebunden. Die Schlägel baumeln von ihrem Gürtel. Und kein Kind sagt mehr: „Die Anna spinnt!"

Alle Kinder wollen mit ihr spielen. Dauernd bitten sie Anna: „Sei lieb, trommele uns ein bisschen was vor!"

Anna ist gern so lieb. Aber langsam weiß sie schon nicht mehr, woher sie so viel Wut kriegen soll!

Christine Nöstlinger

Die Verwandlung

Es war einmal eine Schmetterlingsraupe. Sie lebte am Waldrand auf den Brennesselpflanzen. Dort kroch sie den lieben langen Tag umher. Ab und zu fraß sie ein Brennesselblättchen. Die Raupe fühlte sich wohl in ihrer Haut und war zufrieden mit ihrem Leben. Am liebsten saß sie im Schatten unter einem Blatt und betrachtete die bunten Blumen auf der Wiese.

„Wie schön die Blumen aussehen!", freute sich die Raupe. Auch die zarten Schmetterlinge, die von Blume zu Blume flogen, gefielen ihr sehr. Manchmal träumte sie davon, mit den Schmetterlingen durch die Luft zu flattern und die Blumen zu besuchen. Aber ach, die Raupe hatte ja keine Flügel. Sie konnte nicht fliegen. So blieb ihr nichts anderes übrig, als aus der Ferne die Blumen und Schmetterlinge sehnsüchtig anzuschauen.

Eines Tages sah die Raupe einen Käfer, der ganz geschäftig über ein Wurzelstück krabbelte. Seine Flügel schimmerten grün und gold.

„Du bist aber ein schöner Käfer", staunte die Raupe.

„Nicht wahr", erwiderte der Käfer stolz, „meine Flügel glänzen im Licht. Du dagegen siehst grau und hässlich aus." Und schon war er wieder fort.

Die Raupe wurde traurig. „Sehe ich wirklich so grau und hässlich aus?", murmelte sie vor sich hin. Endlich beschloss sie, der Sache auf den Grund zu gehen. Sie fand ein Blatt, auf dem ein dicker, runder Tautropfen lag. Darin spiegelte sich die Raupe, und so sah sie sich selbst zum ersten Mal im Leben. Sie betrachtete sich ganz genau und sagte: „So sehe ich also aus. Meine Haut ist grau. Auf meinem Körper wachsen überall winzige Haare und kleine Stacheln. Ich sehe wirklich nicht besonders hübsch aus."

Von diesem Tag an fühlte sich die Raupe nicht mehr wohl in ihrer Haut. Sie schämte sich so sehr. Am schlimmsten war es, wenn sie die bunten Blumen und die schönen Schmetterlinge anschaute. Dann musste sie daran denken, wie hässlich sie selbst war.

Am liebsten hätte sie sich versteckt. Und das tat die Raupe dann eines Tages auch.

Sie suchte sich einen Ast und baute um sich herum eine Hülle aus vielen feinen Fäden. Nach kurzer Zeit hatte sich die Raupe so dicht eingesponnen, dass sie von außen kaum noch zu erkennen war. Lange Zeit lebte sie dort im Versteck.

Meistens schlief sie und träumte: Sie träumte von einer Raupe, die über grüne Blätter kroch. Sie träumte von einem frechen, schimmernden Käfer. Und sie träumte von bunten Blumen und von wunderschönen Schmetterlingen. In ihren Träumen verliebte sich die Raupe immer mehr in die Schmetterlinge. Auch wenn die Raupe wach war, konnte sie vor lauter Sehnsucht an nichts anderes mehr denken als an die Schmetterlinge.

Eines Tages geschah nun etwas Wunderbares: Die Raupe sehnte sich auf einmal so nach dem Licht und nach der Sonne, dass sie es in ihrem Versteck nicht mehr aushielt. Sie sprengte mit aller Kraft die Hülle um sich herum weg. Dann befreite sie sich von all den vielen Fäden, mit denen sie sich eingesponnen hatte. Sie kroch ins Freie und setzte sich auf ein großes, grünes Blatt.

Plötzlich fühlte sie, dass sie Flügel an ihrem Körper bekommen hatte. Es waren Schmetterlingsflügel. Das war die schönste Überraschung ihres Lebens. Aus der kleinen, hässlichen Raupe war ein großer, wundervoller Schmetterling geworden! Der Schmetterling war überglücklich, spannte die Flügel aus und flog davon.

Martina Gürth

Das Räuberlied

Es gibt Tage, da fürchtet sich Lea vor Sachen, die es gar nicht gibt. Heute ist so ein Tag. Die Sommersonne scheint warm und Mama, Papa und Lea sitzen zum Abendessen auf dem Balkon. Lea betrachtet die Vögel, die vorbeifliegen, und hört auf das Gurren der Tauben – dann muss sie mal. Als sie an der Balkontüre steht, erschrickt sie: Draußen ist es noch hell, aber im Wohnzimmer kriecht die Dunkelheit aus allen Ecken und – Lea weiß es genau – der Fuchs ist wieder da. „Mama, ich muss mal Pipi!", sagt Lea laut. „Du weißt, wo das Klo ist!", antwortet Mama. „Aber der Fuchs – ich muss durchs Wohnzimmer und da ist der Fuchs!", jammert Lea. Mama schüttelt den Kopf: „Aber Lea! Füchse wohnen im Wald und nicht im Wohnzimmer!"

„Trotzdem, bitte komm mit!", bettelt Lea. Aber Mama steht nicht auf. „Ich esse noch!", sagt sie nur.

Lea wagt noch einmal einen Blick ins Wohnzimmer. Dort ist es inzwischen noch dunkler geworden. Bestimmt sitzt der Fuchs hinter dem Sofa und wartet darauf, dass sie ins Zimmer kommt. Lea friert vor Angst. Und sie muss noch mehr aufs Klo. Da fällt Leas Blick auf das Kuschelschwein. Das ist die Rettung! Füchse können so große dicke Kuschelschweine sicher nicht leiden. Mit dem Kuschelschwein zusammen wird sie es schaffen! „Am besten singen wir ein Räuberlied!", sagt sie dem Kuschelschwein ins Ohr. „Das ist gut gegen Angst!"

Lea singt so laut sie kann: „Räuber sind wir ho, ho, ho, laufen durch den Wald und so, holahi, holaho, Räuber sind wir wild und froh!"

Lea grölt so laut, dass es alle Nachbarn hören. Dabei trägt sie das Kuschelschwein mit steifen Armen vor sich her. Der Fuchs ist bestimmt gleich in den Wald abgehauen, denn Lea kommt ungestört ins Bad zum Pipimachen!

Christine Merz

Die Angsthasengeschichte

Es war einmal ein Hase, den nannten alle nur den Angsthasen. Das gefiel ihm natürlich gar nicht. Viel lieber wäre er ein mutiger Hase gewesen. Aber er hatte einfach immer Angst. Wenn es ein Gewitter gab und die Donner krachten, dann versteckte er sich bei seiner Mama. Und wenn andere Hasen ihn ärgerten, dann rannte er heulend davon.

Am allermeisten Angst aber hatte der kleine Hase, wenn es abends dunkel wurde. Dann sah er überall unheimliche Monster und Gespenster.

Eines Abends hatte der kleine Hase genug davon. „Ich will kein Angsthase mehr sein!", sagte er zu sich selbst. „Jetzt will ich ein mutiger Hase werden!"

Dieser Gedanke machte ihn sehr froh. Und dann fasste er einen Entschluss: „Ich werde heute den ganzen Abend lang draußen im Dunkeln bleiben. Ja, das werde ich!"

Er nahm eine Taschenlampe mit und ging los.

Bald wurde es dunkler und dunkler im Wald. Der kleine Hase fürchtete sich sehr, und sein Hasenherz klopfte laut. Aber er ging immer weiter. Plötzlich schrie der kleine Hase auf: „Was ist das? Es sieht aus wie ein riesiges Monster!" Am liebsten wäre er sofort nach Hause gerannt, aber er wollte ja kein Angsthase mehr sein. Zum Glück fiel ihm da die Taschenlampe ein.

„Ich werde mir das Monster einmal genauer anschauen", flüsterte der Hase. Er knipste die Lampe an und hielt sie direkt auf das Monster. „Oh, das ist ja gar kein Monster", seufzte er erleichtert, „das ist ja nur ein großer, dunkler Baum!"

Dann knipste der kleine Hase die Taschenlampe wieder aus und ging weiter. Oben am Himmel kam der Mond gerade hinter einer dicken

Wolke hervor. Das Mondlicht schien auf die Tannenbäume.

Der kleine Hase lief immer tiefer in den Wald hinein, bis er zu einem See kam. Am Seeufer lagen Tausende von kleinen Kieselsteinen, die im Mondlicht wie Perlen glitzerten. Der kleine Hase betrachtete das Wasser und den runden Mond, der sich darin spiegelte. „Wie schön alles aussieht", dachte er, und auf einmal war er ganz ruhig.

Aber plötzlich bekam er einen furchtbaren Schreck. „Ein Gespenst! Ein Gespenst!", schrie er. „Im Wasser sitzt ein Gespenst! Es glotzt mich mit seinen unheimlichen Augen an!"

Fast hätte der kleine Hase vor lauter Angst in die Hose gemacht. Er sprang auf und wollte gerade wegrennen, da sah er, dass das Gespenst auch aufgesprungen war.

Der kleine Hase blieb stehen und dachte nach. „Irgendwie kommt mir das Gespenst bekannt vor", stellte er fest.

Er hob seine rechte Pfote nach oben. Das Gespenst hob auch eine Pfote nach oben. Dann wackelte der kleine Hase so stark er konnte mit seinen Hasenohren. Das Gespenst wackelte auch mit den Ohren. Schließlich streckte der Hase dem Gespenst die Zunge heraus: „Bäääääh!", machte er. Und was tat das Gespenst? Es streckte ihm auch die Zunge heraus!

Da fing der kleine Hase an zu lachen. Er lachte und lachte, bis er sich den Bauch halten musste. „Hahaha! Hihihihi! Hahahah! Das ist ja gar kein Gespenst! Das ist ja nur mein Spiegelbild. Das bin ja ich, der kleine Hase, der sich im Wasser spiegelt."

Und da musste er noch mehr lachen. Und vor lauter Lachen hüpfte er von einem Bein aufs andere. Als er seine ganze Angst weggelacht hatte, lief er schnell nach Hause. Er legte sich in sein Hasenbett und schlief zufrieden ein.

Von da an wurde der kleine Hase immer mutiger. Jeden Tag ein bisschen mehr. Und bald sagte niemand mehr Angsthase zu ihm.

Martina Gürth

Wochenende bei Papa

Jenny wohnt mit ihrer Mama in einem großen Haus in der Stadt. In der Blumenstraße Nummer 7 oben im vierten Stock.

Auf ihrem Bett sitzen Karla, Teddy und Brüll. Karla ist Jennys Puppe. Teddy ist Jennys Teddybär. Brüll ist Jennys Elch.

Bis vor kurzem wohnte Jennys Papa noch bei ihnen. Aber die Eltern hatten andauernd Streit. Da haben sie sich getrennt. Jenny war sehr traurig darüber und manchmal musste sie weinen.

Jetzt wohnt Jennys Papa in Butzbach. Das ist ein kleines Dorf. Jennys Papa wohnt in einem alten Bauernhaus. Er schickt ihr hübsche Ansichtskarten.

Ab und zu fährt Jenny ihren Papa besuchen. Sie freut sich und packt ihren Rucksack. Heute dürfen Karla, Teddy und Brüll ausnahmsweise mitkommen.

Auf dem Bahnhof wimmelt es von Menschen. Jenny und Mama haben Glück, sie finden ein Abteil für sich allein.

Der Zug fährt aus der Stadt hinaus. Karla, Teddy und Brüll dürfen aus dem Fenster schauen. Bald sind draußen Wiesen, Felder und Wald zu sehen. Der Zug hält in einer kleinen Stadt und dann in einem Dorf. Hm, Mama hat Schokolade und Kekse mitgenommen.

Nach einer Weile kommt der Schaffner. Er kontrolliert die Fahrkarten. „Ich fahre zu meinem Papa nach Butzbach", sagt Jenny.

„Ach so", sagt der Fahrer. „Butzbach, das ist die nächste Station."

Papa wartet schon und gibt Jenny einen Kuss. Mama steigt nicht aus, sie will Tante Bea besuchen. „Komm doch mit!", ruft Jenny. Mama steht am Fenster und ruft zurück: „Ich hole dich übermorgen ab, wie besprochen!"

Sie winkt und Jenny ist wieder traurig. Papa nimmt sie an die Hand und sagt: „Komm, wir machen uns zwei schöne Tage!"

Das Bauernhaus, in dem Papa wohnt, liegt in einem großen Garten. Es sieht ein bisschen schief und krumm aus, beinahe wie ein Hexenhaus, aber innen ist es richtig gemütlich. Auch hier hat Jenny ein kleines Zimmer. Karla, Teddy und Brüll kennen es schon. Schade, dass Mama nicht da ist.

Mephisto, der Kater, ist Jennys Freund. Er streicht um ihre Beine und schnurrt, wenn er gestreichelt wird. Papa hat auch zwei Schafe, die weiden hinter dem Haus. Sie heißen Einstein und Schopenhauer. Jenny und Papa spielen mit ihnen.

„Schade, dass Mama nicht mitgekommen ist", sagt Jenny. Papa nimmt sie in den Arm. „Ich verstehe, dass du traurig bist", tröstet er sie. „Morgen gehen wir schwimmen." Die Beeren sind schon reif. Sie essen Johannisbeeren und Stachelbeeren und köstliche riesengroße Himbeeren.

Nach dem Abendbrot ruft Mama an. „Ich bin jetzt bei Tante Bea", sagt sie. Jenny erzählt von den Schafen, von Mephisto und den dicken

Himbeeren. „Ich male dir ein Bild", verspricht sie. Mama freut sich. „Schlaf schön, meine Kleine", sagt sie. „Übermorgen sehen wir uns wieder." Jenny ist auf einmal ganz müde. Sie gähnt und gähnt, und Papa bringt sie zu Bett. Er liest ihr die Geschichte von dem kleinen Mädchen vor, das ganz allein seine Großmutter besucht. Wie gemütlich es bei Papa ist! Jenny kuschelt sich mit Karla, Teddy und Brüll in ihr Kopfkissen. Bevor sie einschläft, murmelt sie: „Dich habe ich am liebsten und Mama habe ich auch am liebsten."

Wolfgang Bittner

Der erste Tag im Kindergarten

Zu zweit macht das Leben viel mehr Spaß, das merken Lea und Marie gleich in der ersten Woche. Marie wird in denselben Kindergarten gehen wie Lea, und sie kommt sogar in die gleiche Gruppe. Heute darf sie zum ersten Mal mitgehen. Lea findet es überflüssig, dass Maries Mutter mitkommt, und natürlich will Maries Mama im Kindergarten erst mal mit der Erzieherin sprechen. Marie und Lea stehen daneben, bis es Lea zu langweilig wird. Sie nimmt Maries Hand und zieht sie weg. „Das ist unser Gruppenraum!", erklärt sie ihr. „Ich bin am liebsten in der Bauecke, aber nur, wenn der Marco nicht da ist. Dort ist die Puppenecke und das ist unser Maltisch, da dürfen wir auch kleben und schneiden und basteln." Lea geht mit Marie durch den ganzen Kindergarten. Sie zeigt ihr die Klos, den Frühstücksraum, das Büro und sogar die Besenkammer.

„Jetzt noch der Garten", sagt Lea, und nachdem sie alles angesehen haben, rutschen sie zusammen zweimal die Rutsche hinunter.

Da kommt Marco den Weg entlang. „Ihr dürft nicht alleine in den Garten!", sagt er. „Das sag ich der Frau Frieder!" „Dürfen wir wohl!", sagt Lea und streckt Marco die Zunge heraus. „Ich muss ja schließlich der Marie den Kindergarten zeigen!"

„Marie, Kikeriki!", sagt Marco und streckt ebenfalls seine Zunge heraus.

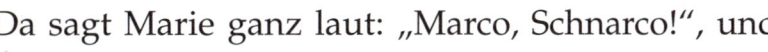

Da sagt Marie ganz laut: „Marco, Schnarco!", und darüber muss Lea furchtbar lachen. Marie lacht mit. Hand in Hand gehen sie kichernd in den Kindergarten zurück.

Marco war schneller und hat Frau Frieder schon alles gepetzt. Aber Frau Frieder schimpft nicht mit Lea und Marie.

Sie sagt: „Prima, Lea, dass du deiner neuen Freundin schon alles gezeigt hast, auf dich kann man sich verlassen!"

Lea zeigt Marco eine lange Nase und sagt leise zu Marie: „Marco, Schnarco!"

Christine Merz

Die Katzenkappe

Das ganze Wochenende hat Mama am Karnevalskostüm für Juppi gebastelt. Dieses Jahr wird Juppi zum Fasnachtsfest im Kindergarten ein Kater sein. Am liebsten wäre er aber Cowboy geworden. Schimmi geht als Cowboy. Ein Cowboy darf Cowboystiefel tragen und ein Gewehr und einen Schlapphut. Ein Cowboy ist der Schrecken der Prärie.

Im letzten Jahr war Juppi ein Marienkäfer. Er hatte schwarze Strumpfhosen und einen schwarzen Pullover an und auf seinem Kopf saß eine rote Kappe mit schwarzen Punkten und schwarzen, wippenden Fühlern. Schimmi hat sich schlapp gelacht, als er Juppi sah.

Schimmi hat es gut. Der muss sich nicht immer was Neues einfallen lassen. Schimmi darf immer Cowboy sein.

Dieses Jahr ist Juppi ein Kater. Schuld daran ist der Marienkäfer. Die Marienkäferkappe. Mama macht die schwarzen Punkte ab und die wippenden Fühler. Aus rotem Filz schneidet sie halb runde und halb spitze Katzenohren und klebt sie seitlich auf die Kappe. Juppi muss noch eine rote Strumpfhose anziehen und einen roten Pullover.

„Schöner, roter Kater", sagt Mama, als sie Juppi so vor sich stehen sieht. Etwas fehlt noch. Der Schwanz! Mama flicht aus rotem Bast einen dicken, langen Schwanz. Am unteren Ende hat der Schwanz fusselige Fransen wie bei einem Esel. Und am oberen Ende wird der Schwanz an die Strumpfhose genäht.

„Süß siehst du aus", sagt Papa. „Wie ein richtig kuscheliges Kätzchen."

„Er bekommt noch ein paar Schnurrbarthaare dazu", sagt Mama. „Die werden wir unserem Kater morgen auf die Schnute malen."

Morgen ist Fastnachtsmontag.

„Dass er nicht als Cowboy gehen will, wie all die anderen", sagt Papa, „das finde ich gut. Ich mag es nicht, wenn die Kinder mit Gewehren rumlaufen."

„Ich auch nicht", sagt Mama. „Es gibt genug andere Verkleidungen."

Ja, ja. Marienkäfer und schöne, rote Kater. Juppi ist ein bisschen traurig. Er weiß auch nicht genau, warum. Bevor er schlafen geht, zieht er die oberste Schublade seiner Kommode auf. Er packt den kleinen Affen am Schlafittchen und schüttelt ihn.

„Du alter Affe", stößt er aus. Dreimal nacheinander. „Du alter Affe, du alter Affe, du alter Affe." Aber dann nimmt er ihn in den Arm und mit ins Bett. Der kleine Affe ist nämlich auch sehr weich und sehr kuschelig und sehr tröstend.

Der Fastnachtsmontag ist knackig kalt. Juppi trinkt zum Frühstück eine heiße Milch mit Honig.

Dann malt Mama ihm die Schnurrbarthaare auf die Schnute. Die Katzenkappe lässt die Ohren frei. Deshalb will Juppi lieber seine rote Strickmütze aufsetzen. Auch weil noch niemand aus dem Kindergarten die neue Mütze gesehen hat. Sie ist so schön! Fast zu schade zum Aufsetzen.

Im Kindergarten ist vielleicht was los! Die Hildegard hat sich eine Perücke mit Zöpfen auf den Kopf gestülpt und ein rotes Herzchen auf die Backe gemalt. Sie sieht aus wie ein kleines Mädchen, obwohl sie viel größer ist als Josefa und Flo.

Juppi hängt erst mal seinen Anorak an den Garderobenhaken. Von der Seite kann er schon Schimmi sehen. Den Schrecken der Prärie.

„Tschüs, Juppi", sagt Mama. Sie will sich bücken und ihm einen Abschiedskuss geben. Aber Juppi taucht weg. Irgendwie mag er heute keine Küsse. Bevor Mama geht, gibt sie ihm noch seine Katzenkappe.

„Viel Spaß", sagt sie. Juppi weiß nicht, ob er heute Spaß haben wird. Er hat doch kein Gewehr!

Er dreht die Katzenkappe in seinen Händen und schaut nach, wer von seiner Spielgruppe schon da ist.

Der Raum ist wunderschön geschmückt. Die Hildegard hat Papiergirlanden von allen Zimmerecken bis zur Deckenleuchte gespannt. Eine rote, eine gelbe, eine blaue und eine grüne Girlande.

Sie hat auch Luftschlangen besorgt. Die dürfen die Kinder selber in die Gegend pusten.

Schimmi hat sein Gewehr geschultert und bläst Juppi eine Schlange ins Gesicht. Sie trifft Juppi am Auge und er fährt erschrocken zurück.

„Angsthase, Pfeffernase", brüllt Schimmi und lacht.

Juppi ist kein Angsthase. Er streckt Schimmi die Zunge raus, so lang er kann. Die Zunge reicht bestimmt bis an die Kinnspitze. Bestimmt!

Dann stürzt Juppi sich in das Gewühl. Er rudert mit den Armen, dass die Papierschlangen nur so in der Luft zerfetzen. Hoffentlich sind noch welche übrig, die er selber hochpusten kann.

Neben dem Berg von Luftschlangen hat Hildegard die Teekannen hingestellt und die Tassen der Kinder. Weil heute Fastnacht ist, gibt es auch süße Brezeln zum Frühstück.

Josefa macht beim Luftschlangenpusten nicht mit. Sie ist auch nicht richtig verkleidet. Nur eine rote Clownsnase prangt mitten in ihrem Gesicht. Das ist doch langweilig. Und sie trinkt jetzt schon den Frühstückstee. Aus Juppis Marienkäfertasse!

„Das ist meine Tasse!", sagt Juppi. „Lass sie stehen."

Josefa guckt ihn über ihre dicke Nase an und trinkt weiter.

„Das ist meine Lieblingstasse", sagt Juppi. „Stell sie wieder hin."

Josefa trinkt erst alles aus, dann reicht sie Juppi die Tasse.

Aber Juppi trinkt doch nicht aus einer Tasse, aus der Josefa schon getrunken hat. Auch wenn es seine Lieblingstasse ist.

Er macht eine ganz miese Schnute. Da zieht Josefa blitzschnell die Tasse zurück und schenkt sich noch mehr Tee ein. Soll sie doch! Eigentlich kann Juppi Marienkäfertassen nicht ausstehen. Das ist doch Babykram.

„Wollen wir mal ein kleines Kämpfchen machen?", fragt Schimmi Juppi und zieht schon sein Gewehr. Sein rechtes Bein hat er weit und gerade nach hinten gestellt. Das andere Bein steht weiter vor und ist ein wenig gebeugt. Jetzt legt er das Gewehr an und gleich drückt er ab. Da lässt er plötzlich die Waffe sinken.

„Als was gehst du denn?", fragt er Juppi.

Juppi merkt, dass er noch gar nicht fertig verkleidet ist. Für einen schönen, roten Kater fehlt ihm die Katzenkappe auf dem Kopf. Er trägt immer noch die Strickmütze.

Gerade will er antworten, da sagt Schimmi: „Ach, ich weiß schon, du gehst als Teufel."

„Zeig mal." Jetzt kommt Lucas an. Der ist auch toll verkleidet. Als Dracula. Mit dicken, bauschigen Augenbrauen und Fangzähnen, die das halbe Kinn bedecken. Aber die Fangzähne sind nicht echt, nur aufgemalt.

Lucas hält Flo an der Hand. Flo ist Prinzessin.

„Zeig mal", sagt Flo.

Sie tut immer alles, was Lucas will. Sie redet ihm auch alles nach.

„Du bist aber ein toller Teufel", sagt Hildegard. „Dreh dich mal um."

Juppi hat gar keine andere Wahl. Toller Teufel ist sowieso besser als schöner, roter Kater. Er dreht sich ein paarmal auf der Stelle rum und rum, sodass sein Katzenschwanz hoch wirbelt. Sein Teufelsschwanz!

„Und sogar eine richtige Teufelsmütze hast du auf!", sagt Hildegard.

„Richtige Teufelsmützen gibt es gar nicht", sagt Schimmi.

„Doch", sagt Hildegard. „Es gibt echte Teufelsmützen. Und Juppi hat eine auf."

„Gar nicht wahr", sagt Schimmi.

„Doch wahr", sagt Juppi und holt tief Luft. Was die Hildegard sagt, das gilt! Besonders, was sie über Mützen sagt.

Die Katzenkappe hat Juppi inzwischen in seinen Händen zu einer Wurst gedreht.

„Aber haben Teufel einen Schnurrbart?", fragt Schimmi.

Juppi zuckt zusammen. Er hat einen richtigen Schrecken bekommen.

Die Hildegard merkt das. „Ja, sicher", sagt sie und kommt Juppi zur Hilfe. „Kennst du nicht das Märchen vom Teufel und seinen drei goldenen Haaren?"

„Schnurrbarthaare?", fragt Schimmi nach.

„Jaha", sagt Juppi. „Drei Stück."

„Na gut", sagt Schimmi. „Wollen wir jetzt mal ein kleines Kämpfchen machen?"

Juppi wirft die Katzenkappenwurst ganz schnell in den Papierkorb. Er stellt sich zum Kämpfen auf. Sein rechtes Bein hat er weit und gerade nach hinten gestellt, das andere Bein steht weiter vor und ist ein wenig gebeugt. Juppis Hände sind zu Fäusten geballt.

„Das geht nicht", sagt der Schrecken der Prärie. „Boxen ist kein richtiges Kämpfen. Da kriegst du gleich eine dicke, blaue Nase."

„Oder du", sagt der tolle Teufel.

„Oder du", sagt der Schrecken der Prärie. „Hast du denn kein Gewehr?"

Juppi darf doch nicht mit Gewehren spielen!

„Leih mir doch mal deins", sagt der tolle Teufel.

„Oder du kriegst meine Pistole", sagt Schimmi.

Schimmi hat jeden Tag eine Pistole bei sich, aber das weiß fast keiner. Sie ist nämlich so klein, dass sie in seiner Hand verschwinden kann. Sie ist aus Silber! Und man kann mit ihr schreiben! Vorne kommt die blaue

Kugelschreibertinte raus.

Juppi wollte die Kugelschreiberpistole schon immer mal ausleihen. Schimmi hat sie ihm aber nicht gegeben.

„Oh, ja, die nehm ich", sagt Juppi ganz schnell, bevor Schimmi es sich anders überlegt. Aber die Pistole ist so klein, dass sie auch in Juppis Hand verschwindet, und aus dem Kämpfchen wird nichts Rechtes.

Der Fastnachtsmontag ist trotzdem ein toller Tag. Juppi pustet mindestens fünfhundertdreiundachtzig Papierschlangen in die Luft. Und er isst zweieinhalb süße Brezeln.

Dann kommt Schimmi auf die Idee, Schweine schlachten zu spielen. Alle, die heute ein Schwänzchen tragen, will er jagen, um sie zu schlachten.

Das gibt vielleicht ein Geschrei!

Alle Katzen und Löwen und Hunde, alle Mäuse, alle Pferde haben Schwänze. Und alle Teufel! Na, davon gibt es heute nur einen. Und der muss ganz schön flitzen, um von Schimmi nicht als Schwein gefangen und geschlachtet zu werden. Dabei sieht Schimmi mit seiner Stupsnase selber fast aus wie ein Schweinchen.

Juppi ist aber heute nicht nur ein toller, sondern auch ein schneller Teufel. Er rennt wie der Blitz um alle Ecken, bis Schimmi endlich aus der Puste ist und keine Lust mehr hat Schweine zu fangen.

Am meisten Spaß haben sie alle mit Lucas und Flo. Lucas, der Dracula, will immer am Hals von der Prinzessin lutschen. Flo hat schon einen ganz rot verschmierten Hals. Ist aber nur Wasserschminke und kein echtes Blut.

„Flo ist vielleicht doof", sagt Juppi zu Schimmi.

„Würdest du so an dir nuckeln lassen?"

„Nee", sagt Schimmi. „Aber Flo ist doch das Opfer."

„Sie ist nicht das Opfer", brüllt Lucas. „Flo ist meine Verliebte."

Schimmi und Juppi lachen sich halb tot.

„Der hat schon eine Verliebte!", kreischt Schimmi.

„Na und", sagt Hildegard. „Da ist doch nichts dabei. Habt ihr denn noch keine Verliebte?"

„Iii, nein", schreit Juppi und streckt seine Hände mit gespreizten Fingern weit von sich. Ein bisschen muss er an Yvonne denken. Aber ein echter toller Teufel hat nichts mit Verliebten zu tun.

Als Mama Juppi vom Kindergarten abholt, ist sie überrascht, dass Juppi Teufel und nicht Kater ist.

„Wo ist denn deine schöne Katzenkappe?", fragt sie. Es hört sich etwas traurig an.

„Kaputtgegangen", sagt Juppi. „Teufel ist sowieso besser." Er legt sich den Bastschwanz über den Arm. Die fusseligen Eselsfransen sehen tatsächlich wie eine Teufelsquaste aus.

„Na ja", sagt Mama und lächelt. „Wo du jetzt ja wirklich eine echte Teufelsmütze hast."

„Und damit du's weißt", brüllt Schimmi, bevor er geht, „nächstes Jahr werd ich auch Teufel sein."

Das ist Juppi ganz egal. Hauptsache, Hildegard liest nicht so bald das Märchen vom Teufel mit den drei goldenen Haaren vor. Dann wäre Juppi nämlich schön reingelegt. Er ist sich fast ganz sicher, dass der Teufel keinen Schnurrbart hat.

Dagmar Chidolue

Windpocken

Im Kindergarten in der Kirchstraße sind die Windpocken ausgebrochen. Antje hat sie und Ingrid, Matthias und Florian. Heute Morgen kam Frau Meves herein und stöhnte: „Schon wieder zwei Windpockenkinder mehr, jetzt hat es auch noch Susanne und Friedhelm erwischt."

Weil so viele Kinder an Windpocken erkrankt sind, haben Thomas und Stefanie heute sehr viel Platz. Außer ihnen sind ja nur noch Raffael und Giovanni da. Vier Kinder von zweiundzwanzig.

Ein paar Tage später sind die ersten Kinder, die die Windpocken hatten, wieder im Kindergarten.

„War's schlimm?", will Stefanie von Isabell wissen, denn die hat noch viele dunkle Punkte im Gesicht, und auf denen sind kleine Krusten. Isabell schüttelt den Kopf. „Nicht schlimm, nur juckt's, da wirst du verrückt!" Sie muss beim Drandenken sofort anfangen, sich die Pusteln am Arm zu reiben. „Ich hab sie überall gehabt, zwischen den Zehen und hinterm Ohr, guck mal!"

Stefanie staunt. Also, so gerne möchte sie die Windpocken nicht haben. Man sieht ganz schön gefleckt aus.

Am nächsten Morgen, als Stefanie aufwacht, fühlt sie sich ein bisschen matt. Irgendwie wackelig auf den Beinen. Sie ist schon halb angezogen, da juckt es sie am Rücken. Sie versucht mit der Hand hinzukommen, aber die Juckstelle ist genau da, wo man mit seiner eigenen Hand nicht hinkommen kann! Stefanie ruft nach Thomas. „Du, kratz mich da mal", bittet sie ihn.

Das macht Thomas, und nicht zu knapp. Er reibt mit der ganzen Hand den ganzen Rücken!

„Du hast da aber einen Pickel, nein zwei!", sagt er dann.

Das hat die Mama gehört. „Wer hat einen Pickel?", fragt sie. „Stefanie", sagt Thomas, denn Stefanie hat schon wieder das Hemd heruntergezogen und wurstelt sich gerade in den Pullover. Braucht die Mama gar nicht zu sehen, den Pickel. Aber Mama will ihn sehen! Sie schiebt Hemd und Pullover nach oben, guckt sich den Rücken an, dreht Stefanie herum, fühlt ihr an die heiße Stirn und sagt: „Mein Mädchen hat die Windpocken!"

Jetzt brüllt aber Stefanie los. „Ich will keine Windpocken haben, ich bin nicht krank, du bist selber krank, ich geh in den Kindergarten", und sie zieht und zerrt an ihrer Hose, weil sie wild entschlossen ist, sofort in den Kindergarten zu gehen.

Mama wundert sich und Thomas sieht erstaunt auf seine tobende

Schwester. Was ist denn in die gefahren! „Was ist denn los?", fragt dann auch die Mama. „Windpocken sind doch nicht schlimm, in ein paar Tagen kannst du wieder in den Kindergarten gehen, komm her!"

Aber Stefanie tobt weiter. „Doch, das ist schlimm, solche Windpocken, man kriegt ganz hässliche Flecken, überall, auch zwischen den Zehen, und es juckt und juckt, und wenn man kratzt, bleiben die Flecken das ganze Leben!"

„Na ja." Mama will Stefanie trösten. „Das stimmt schon, man soll möglichst nicht kratzen. Aber sicher hat Dr. Koch eine Creme oder Puder für dich, damit es nicht zu doll juckt. Und so schlimm wird es schon nicht sein! Außerdem nützt alles nichts, du hast sie, und jetzt müssen wir da durch!"

Stefanie lässt sich jetzt zu Bett bringen, und nach einer Stunde kommt Herr Dr. Koch. Er nickt. In der Tat Windpocken! Kein Wunder, der halbe Kindergarten hat sie ja. Stefanie bekommt etwas zum Schlucken, aber nur, wenn das Fieber zu hoch wird, und dann einen Puder und eine Salbe gegen das Jucken.

Am nächsten Morgen will Stefanie mit der Mama nachsehen, wie viele Pocken dazugekommen sind. „Isabell hatte hunderttausend – überall voll!", erzählt Stefanie ihrer Mama. Die sucht und sucht. Aber Stefanie hat nur ungefähr sieben Windpocken und es ist keine einzige dazugekommen! „Vielleicht hast du Glück, und es bleibt dabei!", meint Mama, „nicht alle Kinder müssen so viele haben wie Isabell!" Am nächsten Morgen und am übernächsten suchen Stefanie und Mama noch mal. Aber es ist schon so: Stefanie hat sieben Windpocken und mehr nicht.

Nach ein paar Tagen kann sie wieder in den Kindergarten. „Nur sieben", verkündet sie stolz in der Gruppe, „und die haben auch nicht so doll gejuckt!" Isabell staunt am meisten. „Hast du aber ein Glück gehabt", sagt sie und kann es gar nicht fassen, dass in Stefanies Gesicht keine einzige Windpocke zu sehen ist.

„Wo ist denn Frau Meves?", fragt Stefanie jetzt, denn nur die Praktikantin Karin ist im Zimmer, und Stefanie möchte Frau Meves doch von ihren Glücks-Windpocken erzählen.

„Die ist krank", sagt Karin. „Ratet mal, was sie hat?" Die Kinder zucken mit den Achseln. Woher sollen sie das denn wissen! Karin lacht: „Frau Meves hat Windpocken, echt wahr, und zwar nicht nur so ein paar wenige wie Stefanie, sondern so viele wie Isabell!" Da müssen die Kinder, obwohl ihnen Frau Meves bestimmt Leid tut, doch lachen!

Christine Merz

Ein Mädchen aus Italien

Heute kommt ein neues Mädchen in den Kindergarten. Es hat schöne schwarze Lockenhaare und große, dunkle Augen.

„Wie heißt du?", fragt Jana.

„Das ist Lucia", sagt Frau Lange. „Sie kommt aus Sizilien und kann noch nicht gut Deutsch."

Lucia kann auch sonst nicht viel. Sie steht nur da und schaut zu. Sie kann nicht „Kling, Glöckchen, klingelingeling" singen und auch nicht „Leise rieselt der Schnee, still und starr ruht der See".

„Still und stumm", kichert Jana. „Genau so!"

Als Lucia dran ist, will sie nicht mal das Türchen vom Adventskalender aufmachen. Sie will nicht beim Backen helfen und keine Plätzchen ausstechen. Sie mag nicht Sterne ausschneiden und ans Fenster kleben. Sie mag keinen Wunschzettel malen und sich nicht mal als Engel verkleiden.

„Lucia ist blöd!", sagt Jana.

„Das glaub ich nicht", sagt Lilli. „Du bist am Anfang genauso gewesen."

„Das glaub ich nicht", sagt Jana.

Frau Lange zündet die dritte Kerze am Adventskranz an. Die ersten beiden sind schon ziemlich heruntergebrannt. Aber die dritte ist noch neu und schön. Da nimmt Jana die Kerze und gibt sie Lucia. Einfach so!

„Aber Jana!", sagt Frau Lange. Und dann sagt sie nichts mehr, denn Lucias Augen leuchten. Lucia lächelt! Das hat sie noch nie getan. Sie sagt sogar etwas. Es klingt wie „Lutsche".

„Eine Kerze ist doch kein Lutscher", lacht Jana.

„Luce heißt auf Italienisch Licht", erklärt Frau Lange. „Ich glaube,

Lucia heißt die Leuchtende."

„Lutsche, lutsche, leuchte!", singt Jana.

Da muss Lucia lachen. Und seitdem gehört sie dazu. Zu Jana und Lilli und Benni. Lucia kann alles! Sie kann singen und tanzen und sogar fliegen. Sie ist nämlich der schönste Engel im Weihnachtsspiel.

„Wie war's im Kindergarten?", fragt Mama. „Deine Augen glänzen so."

„Wie die von Lucia", sagt Jana.

Ingrid Kellner

Die schönste Krippe

Im Dezember geht Bastian besonders gern in den Kindergarten. Weil man nicht mehr so viel draußen sein kann, wird viel gesungen, gespielt und gebastelt. In der vergangenen Woche wurden Sterne ausgeschnitten und mit Transparentpapier beklebt. Jetzt hängen sie an den großen Fensterscheiben und leuchten, wenn die Wintersonne schräg hindurchscheint. Fast wie richtige Sterne, findet Bastian.

Eines Morgens sagt Frau Hille:

„Heute wollen wir eine Krippe malen. Wer das schönste Bild malt, darf das nächste Fenster am Adventskalender aufmachen."

Eine Weile sitzen alle im Kreis zusammen. Frau Hille erzählt noch einmal die Geschichte von Maria und Josef. Von der Reise nach Bethlehem, von der Herbergssuche und wie es kam, dass das Jesuskind schließlich in einem Stall das Licht der Welt erblickte. Sie erzählte von den Hirten und Engeln und von den drei weisen Männern aus dem Morgenland, denen ein glänzend heller Stern den Weg zum Stall zeigte. Dann verteilt Frau Hille Papier und Buntstifte. Die meisten malen eifrig. Bloß Bastian kaut am Bleistift. Ihm fällt so viel ein, dass er nicht weiß, was er zuerst malen soll. Und bei manchen Sachen weiß er auch nicht, wie er sie malen soll.

Zum Beispiel: Was haben Maria und Josef an? Er kann doch Josef nicht wie Papa anziehen, mit T-Shirt und Jeans. Vielleicht hat er einen blauen Overall an? Er war ja Zimmermann. Und hat Maria wirklich einen weiten, langen Umhang angehabt oder einen engen, kurzen Rock wie Tante Maria? Oder eine lange Hose und Stiefel wie Mama, wenn es kalt ist? Oder einen bunten Pulli mit Figuren drauf wie Frau Hille? Und die Tiere. Bastian weiß immer nicht, wo genau die Beine angewachsen sind und wo er mit dem Hals anfangen soll. Er versucht, den Ochsen zu malen, aber er sieht wie ein Hund aus. Bastian beschließt, das Ein-

fachste zuerst zu malen. Das Haus. Er malt zwei Seitenteile und ein
Dach. Das macht der Markus neben ihm auch so. Und der malt toll.
Seine Bilder werden immer an die Wand gehängt. Meine Bilder nie,
denkt Bastian. Aber heute wird sein Bild besonders schön. Das spürt er.
Bastian sieht in sich drinnen schon genau, wie es aussehen wird.

Als Nächstes malt er die Nacht. Tintenblau verteilt er sie um das Haus
herum. Er lässt nur einen kleinen Fleck frei. Da soll der gelbe Stern hin.
Die Nacht ist sehr wichtig, überlegt Bastian. Denn wenn es nicht dunkle Nacht gewesen wäre, dann hätten die Hirten und die drei Weisen den
Stern nicht sehen können und sich ganz schön verlaufen. Zufrieden
betrachtet Bastian sein Bild. Im Stall ist noch nicht viel zu sehen, außer
dem Ochsenhund. Bastian grübelt. Waren nur ein Ochs und ein Esel im
Stall? Vielleicht waren da auch Hühner und Enten und Schweine? Und
Spinnen gab es bestimmt auch. Und Käfer und Ameisen.

Bastian sieht hinüber zu Markus. Der hat seine Krippe schon ganz voll
gemalt, mit Ochs und Esel, Schafen, Hirten, Maria, Josef und dem
Christkind. Auch die anderen sind schon fast fertig. Sie haben einfach
drauflos gemalt. Keiner hat so viel nachgedacht wie Bastian. Maren gibt
ihr Bild schon Frau Hille. Auch Ines ist schon fast fertig. Bastian sieht
auf die Malerei seiner Nachbarn und plötzlich fällt ihm etwas auf. Alle
haben die Krippe vorne offen gemalt. Ganz ohne Wand. Das ist falsch,

findet Bastian. Kein Mensch lässt ein Baby im Dezember mitten in der Nacht im Freien herumliegen. Da erkältet es sich bloß. Na ja, vielleicht ist es im Heiligen Land ein bisschen wärmer. Aber selbst dann wäre es gefährlich. Da kämen dann die Mücken und die Nachtfalter, weil Josef die Stalllaterne angezündet hat. Außerdem würden die großen Tiere weglaufen. Das alles überlegt Bastian.

Und überhaupt: Da sind schließlich die kostbaren Geschenke, die die drei Könige mitgebracht haben. Wie leicht könnten Räuber kommen und alles stehlen, wenn die Krippe sperrangelweit offen ist wie bei Markus und den anderen!

Jetzt weiß Bastian, wie er seine Krippe malen wird. Er nimmt einen braunen Stift und malt eine Bretterwand vor den Ochsenhund. Jetzt kann nichts mehr passieren. Jetzt ist der Stall geschlossen. Die Räuber können nicht rein und die Tiere nicht raus. Natürlich malt er noch eine Tür in die Wand, damit man hineinkann, um das Jesuskind zu besuchen.

„Warum hast du denn nur so wenig gemalt, Bastian?", erkundigt sich

Frau Hille verwundert und schaut auf das Gemälde in Braun und Blau, auf dem nur der Stern leuchtet und sonst nichts.

„Ich hab ganz viel gemalt!", sagt Bastian. „Es ist hinter der Wand versteckt. Maria und Josef, Hühner und Enten, Ochs und Esel, die Könige und die Hirten. Und das Kind mit einer warmen Decke. Und die Tür ist zu, weil es sicherer ist. Damit die Räuber und Mücken und Ameisen nicht reinkommen."

„Das ist toll, was du dir alles ausgedacht hast", sagt Frau Hille erstaunt. Und dann darf Bastian sein Bild an die Wand hängen und allen seine Geschichte erzählen.

„Das ist ja ein Geschichtenbild und kein Malbild", findet Markus. „Aber es ist ein ziemlich gescheites Bild, finde ich!", sagt Maren. „Und wer darf das Türchen am Adventskalender aufmachen?", fragt Markus. „Bastian!", ruft Maren. Da kriegt Bastian einen roten Kopf. Weil ausgerechnet Maren den Vorschlag gemacht hat. Die mag er nämlich. Und jetzt erst recht.

Ursel Scheffler

Der neue Name

Seit über zwei Jahren geht Matthis in den Kindergarten. Und eigentlich hieß der Kindergarten immer nur ‚Kindergarten‘.

Das soll jetzt anders werden, hat Susanne, die Erzieherin, gesagt. Der Kindergarten soll einen Namen bekommen! Dann kann man sagen, man geht nicht nur in den Kindergarten, sondern in den Kindergarten ‚Räuberhöhle‘ oder ‚Schatzkiste‘ oder so.

Matthis hat einen Zettel mit nach Hause genommen. Alle Kinder und Eltern dürfen darauf Namensvorschläge machen. Und das Kind, das den besten Vorschlag abgegeben hat, gewinnt einen tollen Preis. Leider steht auf dem Zettel nicht, was für ein Preis das ist. Dabei würde Matthis schon gerne wissen, ob es sich überhaupt lohnt, mitzumachen. Eine Puppenstube wäre zum Beispiel richtig blöd, denn Matthis kleine Schwester Louisa hat schon eine. Die darf Matthis manchmal mitbenutzen. Außerdem findet Matthis Puppenstuben nicht wirklich toll. Schließlich ist er ein Junge. Nur manchmal spielt er doch damit …

Jedenfalls würde Matthis sich wegen einer Puppenstube nicht sehr anstrengen, einen neuen Namen zu finden. Vielleicht ist der erste Preis aber auch ein ferngesteuertes Auto oder ein Fahrrad oder eine Wasserpistole.

Matthis würde für eine Wasserpistole schon einen guten Namen finden. Ganz bestimmt sogar!

Als Matthis nach dem Kindergarten nach Hause kommt, steht Jonas im Hof und bastelt an seinem Mofa herum. Jonas wohnt nebenan und ist schon richtig alt! Er darf schon Mofa fahren. Trotzdem ist er Matthis' Freund und hat viele tolle Ideen im Kopf.

„Hallo Matthis! Schweren Tag gehabt im Kindergarten?", fragt Jonas und wuschelt Matthis über den Kopf. Das darf bloß Jonas machen, ihm über den Kopf wuscheln.

„Nöö!", sagt Matthis. „War gar nicht so schwer. Die Susanne hat uns heute gesagt, wir sollen einen Namen für den Kindergarten erfinden. Und wer den besten Namen erfindet, gewinnt 'ne Wasserpistole oder so!"

„Wow! 'Ne Wasserpistole ist schon 'ne tolle Sache!", sagt Jonas. „Wozu braucht der Kindergarten denn einen Namen?"

„Na, das ist eben cooler, wenn man sagen kann, dass man in die ,Räuberhöhle' geht! Außerdem könnte man dann den Gruppen auch noch einen Namen geben. Dann bin ich nicht mehr in der ,Gruppe 2', sondern bei den ,Seeräubern'! Und Yannick ist dann nicht mehr in der ,Gruppe 1', sondern in der ,Hotzenplotz-Gruppe', klaro?"

Jonas nickt. Der Jonas versteht eben gleich, worum es geht, und fragt nicht dauernd nach wie die Erwachsenen.

„Klaro!", murmelt er und wischt sich die öligen Hände an einem noch viel öligerem Tuch ab.

„Hmm, Jonas?", fragt Matthis.

„Hmm, Matthis!", sagt Jonas.

„Meinst du, du könntest mir helfen, einen neuen Namen zu finden? So einen richtig tollen, bei dem ich ganz bestimmt eine Wasserpistole gewinne?"

Jonas stopft das ölige Tuch in seine Hosentasche und reibt sich seine Hände an der Jeans ab. Das geht besser, denn sie ist noch nicht so schmutzig.

„Mensch, das wäre doch gelacht, wenn uns da nix Cooles einfallen würde!", sagt Jonas und wuschelt ihm wieder über den Kopf.

Matthis Mama ruft leider genau in diesem Moment aus dem Fenster: „Matthis!!!! Komm jetzt endlich rein, das Essen wird kalt!" Matthis verabschiedet sich schnell von Jonas und sie verabreden sich für nach dem Essen.

Mama wundert sich ein wenig, warum Matthis so ölige Haare hat. Das muss wohl mit dem Wuscheln zusammenhängen. Zum Glück fällt Matthis der Zettel vom Kindergarten ein. Den gibt er Mama, bevor sie noch mehr schimpft.

„Na, das ist doch eine süße Idee, das mit dem Namen für den Kindergarten!", sagt Mama, als alle am Tisch sitzen.

„Was für ein Name?", fragt Louisa. Louisa ist schon fast drei und soll bald in den Kindergarten kommen. Im Moment ist sie aber noch zu Hause und nervt Matthis mit ihren Fragen.

„Der Kindergarten sucht nach einem Namen!", sagt Mama und dann erklärt sie Papa und Louisa, was auf dem Zettel steht. „Ist das nicht süß?", fragt sie.

„Hm", antwortet Papa.

„Jonas will mir helfen, einen richtig guten Namen zu erfinden", ruft Matthis.

„Wir könnten dir doch alle helfen!", schlägt Mama vor. Matthis weiß nicht so genau, was er davon halten soll. Jonas' Ideen sind normalerweise die besten. Aber es kann auch nicht schaden, noch andere Vorschläge zu hören. Schließlich geht es um eine Wasserpistole.

„O.k.!", sagt Matthis zustimmend.

Mama macht den Mund ganz spitz, als würde sie in die Luft küssen. Das macht sie immer, wenn sie scharf nachdenkt.

„Wie wäre es mit Kindergarten ‚Märchenschloss'? Dann gäbe es die ‚Zwergen-Gruppe' und die ‚Schneewittchen-Gruppe' oder die ‚Feen-Gruppe'!"

„Oh Mama!", ruft Matthis entsetzt. „Das ist doch überhaupt nicht cool!" Allein die Vorstellung, er könnte zur Schneewittchen-Gruppe gehören, macht ihm schon Angst.

„Tja, ich verstehe", sagt sie und küsst wieder in die Luft. „Und was hälst du vom Kindergarten ‚Knusperhäuschen'? Du könntest in der ‚Lebkuchen-Gruppe' sein oder in der ‚Marzipan-Gruppe', schlägt Mama jetzt vor. Matthis verzieht das Gesicht. Er ist wirklich froh, dass er sich nachher mit Jonas trifft.

„Ich bin für Kindergarten ‚Käseschachtel!', ruft Papa. „Die einen sind dann die ‚Gouda-Kinder', die Nächsten die ‚Edamer-Kinder' oder die ‚Leerdamer-Kinder!'

„Ach Papa!", protestiert Matthis.

„Ach Günther!", ruft Mutti.

„Tja, wenn ihr meine Vorschläge nicht zu schätzen wisst", kichert Papa, „dann gehe ich jetzt wieder ins Büro! Bis heute Abend, ihr Süßen!" Er steht auf und zwinkert Matthis zu.

„Ich will in die ‚Gouda-Gruppe'!", sagt Louisa.

Nach dem Essen klingelt Matthis bei Jonas. Der kommt die Treppe runtergepoltert und öffnet die Tür.

„Hi, Kurzer!", sagt er und wuschelt Matthis durch die Haare. „Uhh! Deine Haare sind aber ganz schön ölig!"

„Hast du schon 'ne Idee?", fragt Matthis gleich.

„Ähh ..., ja sicher. Einen Namen suchst du, oder? Für den Kindergarten, stimmt's? Also, wie wäre es mit ‚Gustav'?"

„Du willst mich bloß veräppeln!", schimpft Matthis und zieht ein schiefes Gesicht.

„Schon gut, Kurzer! Wir finden einen guten Namen für deinen Kindergarten!"

Und dann setzen sie sich in Jonas' Zimmer auf das Bett. Jonas holt Papier und Bleistift und sie verbringen den ganzen Nachmittag damit, richtig coole Kindergartennamen zu sammeln.

Am nächsten Morgen bringt Matthis den ausgefüllten Zettel wieder in den Kindergarten. Er hat den besten Namen, den man sich für einen Kindergarten wünschen kann.

„Kindergarten ‚Rummelplatz'?", fragt Susanne, als er ihr den Zettel überreicht.

„Jawohl!", sagt Matthis zufrieden. „Und ich will in die ‚Achterbahn-Gruppe'. Oder wenigstens in die ‚Geisterbahn-Gruppe'!"

„Aha!", sagt Susanne und lächelt.

Natürlich ist Matthis nicht der Einzige, der einen Namensvorschlag abgegeben hat. Aber er ist sich fast sicher, dass er den besten Namen erfunden hat. Schließlich hat ihm Jonas dabei geholfen.

Nach zwei langen Wochen soll endlich bekannt gegeben werden, wie der neue Name lautet. Matthis kann seit zwei Nächten kaum einschlafen, so sehr freut er sich schon auf die Wasserpistole.

Alle Eltern sind an diesem Tag eingeladen. Es gibt sogar Saft, Kekse und Spiele.

Nun steht Susanne mit einem Zettel in der Hand auf einem Hocker. Alle schauen gespannt zu ihr, als sie sagt, dass nun die Preisvergabe kommt.

„Wir hatten viele schöne und ... äh ... ausgefallene Namensvorschläge! Aber wir haben uns auf einen einzigen Namen einigen müssen. Unser Kindergarten heißt ab sofort: Kindergarten ‚Gänseblümchen'!"

Alle klatschen. Alle außer Matthis. Nein, der klatscht nicht, der ist stinksauer. Kindergarten ‚Gänseblümchen'! So ein ausgemachter Blödsinn! Da wäre er ja noch lieber in die ‚Gouda-Gruppe' von Louisa gegangen. Nee, also wirklich!

Und dann zeigt Susanne ein Schild, das nun draußen am Eingang hängen soll. Natürlich steht darauf „KINDERGARTEN GÄNSEBLÜM-CHEN". Am Rand sind viele kleine Gänseblümchen gemalt. Matthis könnte heulen!

„Und der erste Preis geht deshalb an Jana, die diesen Namen für uns vorgeschlagen hat!", hört Matthis Susanne sagen. Wieder klatschen alle. Jana darf nach vorne kommen und bekommt – eine kleine Puppenstube aus Holz!

Plötzlich muss Matthis grinsen. Ha! Da hat er ja noch mal Glück gehabt! Wenn er jetzt da vorne stehen würde, müsste er ja so tun , als würde er sich über das Puppenhaus freuen …

Als er abends Jonas im Hof trifft, erzählt er ihm von der Gänseblümchen-Pleite. Und von dem Triumph wegen des Puppenhauses. Und dann passiert etwas, das Matthis Jonas nie vergessen wird.

„Ich brauch sie nicht mehr, Kurzer", sagt Jonas, wuschelt Matthis durch die Haare und schenkt ihm seine alte Wasserpistole.

Also, Jonas ist wirklich ein echter Freund. Unter diesen Umständen lässt es sich sogar im Kindergarten ,Gänseblümchen' aushalten!

Claudia Weiand

Quellenverzeichnis

Martina Gürth: Ein lustiger Einkauf, aus: Um acht wird's Nacht,
KeRLE, Freiburg – Wien 1996; Illustrationen: Per-Henrik Gürth

Linde von Keyserlingk: Die Strickjacke, aus: Die schönsten Geschichten für die Kinderseele,
Verlag Herder Freiburg – Basel – Wien 2001; Illustrationen: Jutta Gabert

Karin Gündisch: Ein Brüderchen für Lili,
KeRLE, Freiburg – Wien 2002; Illustrationen: Betina Gotzen-Beek

Sylvia Schopf: So ein Frühstück gab es noch nie, aus: Maxi kommt in die Schule,
KeRLE, Freiburg – Wien 2002; Illustrationen: Irmgard Paule

Christine Rettl: Der kleine Seelöwe sucht einen Freund, aus: Erzähl noch mehr, lieber Bär,
KeRLE, Freiburg – Wien 1999; Illustrationen: Hans-Günther Döring

Käthe Reicheis: Komm, kleiner Indianer,
KeRLE, Freiburg – Wien 1999; Illustrationen: Alicia Sancha

Ursel Scheffler: Ayshe und der Weihnachtsmann, aus: Adventskalendergeschichten,
KeRLE, Freiburg – Wien 2000; Illustrationen: Barbara Moßmann

Christine Merz: Abschiedsschmerz, aus: Lea und Marie,
KeRLE, Freiburg – Wien 2000; Illustrationen: Betina Gotzen-Beek

Anna Benthin: Wie Raab und Mischka der kleinen Hexe Billerbix keinen Rat geben wollen,
aus: Hexe Billerbix und ihre Freunde,
KeRLE, Freiburg – Wien 2002; Illustrationen: Edda Skibbe

Christine Merz: Lea und Marie haben Streit, aus: Lea und Marie,
KeRLE, Freiburg – Wien 2000; Illustrationen: Betina Gotzen-Beek

Sylvia Schopf: Ich bin hier die Lehrerin, aus: Maxi kommt in die Schule,
KeRLE, Freiburg – Wien 2002; Illustrationen: Irmgard Paule

Käthe Reicheis: Nein!, sagt der kleine Bär,
KeRLE, Freiburg – Wien 2000; Illustrationen: Eva Muszynski

Barbara Stachuletz: Der Schönheitswettbewerb,
Verlag Herder Freiburg – Basel – Wien 1996; Illustrationen: Barbara Stachuletz

Christine Rettl: Panne, der Ziegenbock, aus: Erzähl noch mehr, lieber Bär,
KeRLE, Freiburg – Wien 1999; Illustrationen: Hans-Günther Döring

Christine Merz: Sanni hört nicht richtig, aus: Was Kinder bewegt,
Verlag Herder Freiburg – Basel – Wien 1996; Illustrationen: Jutta Gabert

Christine Merz: Wie kann man nur Öskül heißen?, aus: Was Kinder bewegt,
Verlag Herder Freiburg – Basel – Wien 1996; Illustrationen: Jutta Gabert

Christine Rettl: Mama Wildschweins Sorgenkind, aus: Erzähl noch mehr, lieber Bär,
KeRLE, Freiburg – Wien 1999; Illustrationen: Hans-Günther Döring

Linde von Keyserlingk: Der Kummerstein, aus: Die schönsten Geschichten für die Kinderseele,
Verlag Herder Freiburg – Basel – Wien 2001; Illustrationen: Jutta Gabert

Christine Nöstlinger: Anna und die Wut, aus: Das große Nöstlinger Lesebuch,
1996 Beltz Verlag, Weinheim und Basel, Programm Beltz und Gelberg, Weinheim;
Illustrationen: Jutta Gabert

Martina Gürth: Die Verwandlung, aus: Um acht wird's Nacht,
KeRLE, Freiburg – Wien 1996; Illustrationen: Per-Henrick Gürth

Christine Merz: Das Räuberlied, aus: Ein Schwein für Lea,
KeRLE, Freiburg – Wien 1998; Illustrationen: Betina Gotzen-Beek

Martina Gürth: Die Angsthasengeschichten, aus: Um acht wird's Nacht,
KeRLE, Freiburg – Wien 1996; Illustrationen: Per-Henrick Gürth

Wolfgang Bittner: Wochenende bei Papa,
KeRLE, Freiburg – Wien 2001; Illustrationen: Sabine Wiemers

Christine Merz: Der erste Tag im Kindergarten, aus: Lea und Marie,
KeRLE, Freiburg – Wien 2000; Illustrationen: Betina Gotzen-Beek

Dagmar Chidolue: Die Katzenkappe, aus: Juppi – zum Teufel mit der Mütze,
Dagmar Chidolue, Illustrationen: Jutta Gabert

Christine Merz: Windpocken, aus: Was Kinder bewegt,
Verlag Herder Freiburg – Basel – Wien 1996; Illustrationen: Jutta Gabert

Ingrid Kellner: Ein Mädchen aus Italien, aus: Willkommen im Kindergarten,
KeRLE, Freiburg – Wien 2000; Illustrationen: Jutta Gabert

Ursel Scheffler: Die schönste Krippe, aus: Adventskalendergeschichten,
KeRLE, Freiburg – Wien 2000; Illustrationen: Barbara Moßmann

Claudia Weiand: Der neue Name
KeRLE, Freiburg – Wien 2003; Illustrationen: Jutta Gabert

Gedruckt auf umweltfreundlichem,
chlorfrei gebleichtem Papier

Die Schreibweise entspricht den neuen Rechtschreibregeln

Einbandillustration: Jutta Gabert

Einbandgestaltung und Layout:
HellaDesign, Teningen

Alle Rechte vorbehalten – Printed in Italy
www.kerle.de
© KeRLE im Verlag Herder Freiburg, Wien 2003
Druck und Bindung: L.E.G.O. Olivotto S.P.A., Vicenza, 2003
ISBN 3-451-70528-1